OS VENCEDORES

ISMAEL BIAGGIO

Capa:

DANIEL ARCHANGELO

1ª edição - 10.000 exemplares - abril/2003

INSTITUTO DE DIFUSÃO ESPÍRITA
Av. Otto Barreto, 1067 - Caixa Postal 110
CEP 13602-970 - Araras - SP - Brasil
Fone (19) 3541-0077 - Fax (19) 3541-0966
C.G.C. (MF) 44.220.101/0001-43
Inscrição Estadual 182.010.405.118

www.ide.org.br
e-mail: info@ide.org.br

FICHA CATALOGRÁFICA

(Preparada na Editora)

Biaggio Ismael, 1938-

B471v *Os Vencedores* / Ismael Biaggio. Araras, SP, IDE, 1ª edição, 2003.

160 p.

ISBN 85-7341-299-2

1. Romance 2. Espiritismo I. Título.

CDD-869.935
-133.9

Índices para catálogo sistemático:

1. Romance: Século 21: Literatura brasileira 869.935
2. Espiritismo 133.9

ÍNDICE

Capítulo I

O RETORNO

Despertara sob o impacto de profunda tristeza e indefinível amargura.

Arrancado do corpo físico pela morte violenta, o pesadelo cruel que me acometera após o desenlace subtraíra-me a capacidade de raciocinar.

Um turbilhão de idéias macabras passeava pela minha mente, sem tréguas, sem fim.

O quadro à minha volta era sombrio e estarrecedor.

A paisagem mirrada, desprovida de cor e luz parecia eternamente envolvida em sombras. O frio e a atmosfera sufocante, próprios das regiões abismais do além-túmulo, onde as almas proscritas se agrupam e se acotovelam em lamentos de dor, cortavam-me a alma, enquanto as reminiscências, acionadas pelo tribunal da consciência, davam conta do ato nefando e tresloucado que me arremetera ao vale dos suicidas.

Quanto tempo vivera alienado, seviciado e vampirizado pelas entidades cruéis nessa região de sombras e loucura não saberei precisar.

O fato é que, socorrido e amparado por entidades generosas, que na oportunidade não conseguia registrar com lucidez, tal o estado de perturbação em que me encontrava, senti que tal intercessão proporcionava-me enorme bem, alívio e tréguas temporárias ao meu coração. As crises de loucura aos poucos se espaçavam e, depois de muito tempo, surpreendi-me ao perceber que, pela primeira vez, chorava sem revolta.

O pranto sincero dava conta da minha transformação.

É que a magia da dor, atrelada ao arrependimento sincero, tem o condão de despertar a alma empedernida quando surge ocasião.

De quando em vez recordava o lar distante e a saudade angustiante martirizava a minha alma. Todavia, com o tempo, o desespero foi aos poucos cedendo, dando lugar à esperança de um dia poder voltar.

Agora mais equilibrado, senti que, depois de estagiar por largo tempo nas zonas de sofrimento do mais além, blandícias de paz dulcificavam minha alma.

Não mais podia duvidar da Misericórdia do Pai.

Dir-se-ia que forças novas e intangíveis envolviam todo o meu ser e renovadas esperanças se reacendiam em meu coração. Fosse porque recordava da mãezinha querida que na infância ensinara-me a orar com fervor e devoção; fosse porque o sofrimento extenuara-me por completo, desbastando com o buril da dor o orgulho que ainda restava em meu íntimo, o fato é que, certo dia, depois de orar, como até então jamais houvera feito, percebi, entre aturdido e emocionado, vindo em minha direção, uma entidade de luz, que a princípio supus tratar-se de um emissário celestial.

Naquele momento nem imaginei tratar-se do Espírito de minha própria mãe e, instintivamente, arrojei-me de joelhos diante do sublime visitante.

Um misto de pavor e respeito impedia-me de levantar a cabeça em direção da Entidade venerável.

Foi quando, louco de alegria, ouvi as palavras que ecoaram aos meus ouvidos como dádivas celestes e que ficariam indelevelmente gravadas em meu coração:

– Meu filho, meu adorado filho! Um dia Jesus permitiu que eu te acolhesse como filho querido pelas portas benditas da reencarnação. Embora não tenhas logrado êxito naquela preciosa concessão, quando deverias, juntamente com a dedicada companheira, edificar três almas comprometidas contigo no passado, permite-me Ele, uma vez mais, buscar-te com vistas à preparação para o laborioso trabalho de recomeço. Juntos volveremos novamente às experiências terrestres e no palco da vida testemunharemos fidelidade ao Senhor pela vivência dos Seus sagrados ensinamentos; sofrimentos vários, heranças de erros do passado, espreitarão os nossos passos, dificultando-nos a marcha ascensional; mas com a ajuda de Jesus e os inauditos esforços no exercício da prática do bem, lograremos remover as pedras do caminho para de lá sairmos vitoriosos e redimidos, em direção às esferas mais altas!

Nesse instante, um torpor tomou conta do meu ser. Um sono leve e brando anestesiou-me a alma dorida e senti-me transportado qual criança, louco de ventura, nos braços de minha querida mãe, demandando região diferente.

Capítulo II

O DESPERTAR DE FERNANDO

O sono foi prolongado e reparador. Despertei saturado de energias novas, quase refeito. O quarto era simples e acolhedor.

Além da janela ampla, uma porta estilo veneziana dava acesso diretamente ao jardim harmoniosamente florido e arborizado.

Descansava envolto em alvos lençóis numa cama macia e confortável, de linhas e contornos delicados, parecendo suspensa no ar, o que me proporcionava agradável sensação de leveza.

Fios brilhantes e tênues ligavam-me, sem desconforto, a um painel que registrava em caracteres luminosos e colorações diferentes as emoções de minha alma.

A equipe encarregada do meu caso pessoal utilizava-se dessas informações para fazer avaliações, com vistas à manutenção ou prescrição de medicamentos novos, além de outras providências desconhecidas para mim.

Aparentemente mecânico, tal procedimento não dispensava o contato com o médico, mas se constituía num poderoso e eficaz complemento de valiosas informações.

Mais tarde pude perceber que esses medicamentos energéticos atuavam mais concentradamente nas regiões perispirituais do Centro Coronário, comprometidas e desestabilizadas pela ação da overdose que provoquei pelo uso deliberado de drogas. Apesar de já me sentir bem melhor, as crises, embora espaçadas, retornavam, vez por outra, levando-me a desfalecimentos, quase à loucura.

Registrava, nesses momentos de quase inconsciência, dores pungentes que me arrojavam num abismo sem fim, provocando vertigens inenarráveis. As conseqüências do suicídio, para a alma rebelde, têm desdobramentos indescritíveis à linguagem humana. Nessas horas de suprema dor, paradoxalmente desejava morrer de novo. Todavia, esforçava-me para sair do abismo de mim mesmo e recobrar a consciência. Após as crises, o pranto de arrependimento sincero tomava conta de minha alma abatida e desesperançada.

A maior frustração do suicida é dar-se conta de que continua vivendo. A morte do corpo físico não impõe o aniquilamento da alma. Imortal, continua o Espírito mais vivo que nunca, despertando para a verdadeira vida, frustrado, vencido e infinitamente mais infeliz. As dores superlativas a que se impõe por evadir-se covardemente do sagrado compromisso de viver fazem-no voltar para dentro de si mesmo com vistas à expiação de sua falta, única saída para a regeneração e felicidade futura. Os dias se passavam sem que eu tivesse a noção exata de tempo. Ainda não tivera novas notícias de minha mãe. Os médicos e os enfermeiros, embora dedicados e atenciosos, nada me falavam a respeito.

Por minha vez, acolhido generosamente naquele pouso de bênçãos, não me cabia questionar. Aliás, a paciência era virtude que precisava exercitar, não restando outra saída a não ser esperar. Além do mais, a Misericórdia Divina havia excedido às minhas expectativas, permitindo a intercessão da querida mãezinha, resgatando-me das regiões inferiores. Provavelmente demorava-se num plano diferente de onde me encontrava, com obrigações superiores e definidas, que a impediam de dedicar-se com exclusividade ao filho ingrato que, pelo ato rebelde e tresloucado, lhe macerara o coração.

Precisava aprender, a duras penas, disciplina e obediência às leis de Deus. O tempo passava celeremente e, porque habituei-me a orar com regularidade, sentia-me agora bem melhor, mais disposto e confiante.

Os médicos e os enfermeiros que me assistiam, embora se desdobrassem em atenções respeitosas a meu respeito, limitavam-se ao atendimento da sua área de atuação.

Por isso mesmo, raras foram as vezes que me aventurei à formular perguntas de ordem particular.

A despeito do que muitos supõem, desencarnar não é um processo milagroso que impõe bruscas e radicais transformações.

A renovação há que iniciar-se no recôndito da própria alma, exigindo-nos coragem e determinação para o rompimento definitivo com a retaguarda de sombras.

O tempo seguia seu curso sem que nenhum fato novo viesse quebrar a monótona rotina a que já me habituara. Entretanto, a expectativa de alta dos cuidados recebidos aumentava dia a dia a minha ansiedade.

Certa manhã, movimentação incomum no hospital, me chamou a atenção.

Pela porta do meu quarto com acesso ao jardim central, observei, vivamente surpreendido, que instalavam nas suas dependências imensa concha acústica com acomodação para muitos lugares, porém, nada que lembrasse as pesadas e complicadas estruturas das construções terrestres.

A edificação acomodava-se delicadamente por entre a luxuriante vegetação sem danificar ou agredir a natureza.

Algum tempo depois fui informado sobre as vantagens dessas construções fluídicas.

Transitórias, tais edificações possibilitavam a reutilização do espaço para eventos futuros de finalidades diversas, alternando-se sem prejuízo da beleza e harmonia de conjunto com a natureza.

A cada nova construção, os contornos arquitetônicos se ajustavam às necessidades de espaço e acomodação.

Ainda não me refizera da forte impressão quando fui comunicado que, na manhã seguinte, receberia a visita do coordenador da unidade hospitalar à qual estava ligado.

Aguardei ansioso o momento aprazado.

Capítulo III

A VISITA DO COORDENADOR

O dia amanheceu com a promessa de expectativas novas. A visita anunciada na véspera enchera-me de esperanças.

Levantei-me bem cedo e abri a janela, alegre, bem disposto, quase feliz.

Enquanto respirava a longos haustos as lufadas de ar fresco que penetravam no meu quarto vindas do jardim, admirei, embevecido, o alvor da madrugada anunciando para logo mais a chegada do Astro Rei.

As estrelas diminuíam seu brilho, parecendo que se apagavam ante os primeiros clarões que coloriam o horizonte com luzes de policrômica beleza.

Quando na indumentária do corpo físico jamais observei espetáculo tão belo!

O encantamento que invadia minha alma à medida que o fenômeno de luz multicoloria a natureza fez com que as lágrimas orvalhassem minha face. Instintivamente levei as mãos ao peito e, sensibilizado, comecei a orar:

– Senhor Jesus, Mestre de todos nós. Compadece-te de minha alma proscrita e angustiada. Reconheço hoje que poderia ter evitado o ato insano que me fez tão infeliz.

Enquanto na Terra, vezes sem conta, andamos distraídos por coisa nenhuma, enveredando quase sempre pelos caminhos tortuosos da vida. As emoções fortes costumam inviabilizar a existência, provocando o desgaste e a morte prematura do corpo físico qual ocorreu comigo mesmo. Todavia, Jesus querido, socorre mais uma vez esta ovelha tresmalhada de retorno ao teu aprisco.

De coração arrependido e sincero, desejo a oportunidade do recomeço.

Bem sei que as provas e os testemunhos ásperos que advirão exigirão de minha parte muita coragem e determinação, características das almas verdadeiramente fortes e decididamente cristãs.

Mas contigo, Senhor meu, guardo a certeza de poder reaver o patrimônio da vida que um dia malbaratei. Por isso, Jesus querido, ouso pedir-te e esperar a oportunidade da dadivosa concessão.

Difícil descrever a emoção que tomava conta de minha alma.

Após mais alguns instantes de meditação, retornei ao interior do quarto e, pensativo, aguardei a chegada do Coordenador. Não demorou muito, e acompanhado da enfermeira que me atendia com regularidade, deu entrada em meu aposento com um sorriso franco e afável, demonstrando serena bondade, sem afetação.

O seu olhar inspirava-me confiança. As palavras

iniciais de saudação, com acento de bondade, encorajaram-me um pouco mais.

Entretanto, sem saber como agir, aguardei respeitoso a oportunidade para falar.

Acostumado aos paparicos terrestres supus-me, ingenuamente, merecedor de piedade filial.

Condoído de mim mesmo, posicionei-me facialmente na condição de vítima e esperei. Entretanto, suas palavras, embora pronunciadas com entonação de carinho, soavam enérgicas aos meus ouvidos, como doce advertência, deixando a descoberto minhas chagas morais.

Assim se fazia necessário, pois precisava ouvir, para escárnio de meu espírito rebelde, verdades que até então não aceitava sem revolta.

Quando as colocações mais fortes tocavam minha intimidade, ele apontava Jesus como o refrigério das doces esperanças e consolações para o deserto de minha alma.

Dominado pela emoção, foi impossível evitar o pranto de sincero arrependimento.

Saber entretanto que nem tudo estava perdido, ampliava-me a perspectiva de esperanças de redenção futura.

Como agradecer a providencial visita que me fizera tanto bem ?

Antes de partir, porém, convidou-me gentilmente para a grande Conferência que o Instrutor Filodemos faria proximamente no Jardim Central. Vivamente emocionado, agradeci o generoso convite e aguardei pressuroso o dia do evento.

Capítulo IV

O DEPOIMENTO DE SILENO

Na tarde do dia seguinte, quase à noitinha, amparado pela enfermeira que me atendera durante o período de tratamento, demandamos o grande Parque, onde se localizava o jardim a que me referira anteriormente. Notava agora, com admiração, detalhes que, da janela de meu quarto, pela sua posição, não podia vislumbrar. Uma doce melodia vinda de todos os lados balsamizava o ar, invadindo todo o meu ser e propiciando-me enorme bem-estar. Grupos de entidades reunidos aqui e ali conversavam animadamente, aguardando confiantes a palavra do Instrutor.

Por sugestão do coordenador, aproximamo-nos de um grupo jovem, formado por três rapazes e duas moças. Acolhidos afetuosamente, fomos convidados a participar da conversação.

– Sejam bem-vindos –, disse uma das moças –, e fiquem à vontade entre nós. A troca de experiências pelas narrativas dos nossos depoimentos é sempre valiosa quando retiramos delas lições preciosas para o aproveitamento de vivências futuras.

Um dos jovens, de olhar triste, deixando transparecer no semblante sinais profundos de desarmonia interior, destoando um pouco dos demais, havia interrompido a sua fala com a nossa chegada. Após as apresentações, foi instado por uma das jovens a continuar seu depoimento.

– Nosso caro Sileno falava um pouco da sua experiência quando na Terra. Embora revivendo o drama que a sua consciência não pode ocultar, seu desabafo lhe tem feito enorme bem.

As reminiscências, embora dolorosas, têm despertado em sua alma a necessidade de preparação e fortalecimento para os embates futuros, pois graças a essas reflexões, amadurecidas pelo remorso e o arrependimento, pode ele agora aspirar a reparação. Por isso gosta sempre de lembrar seus dramas íntimos, como forma de reforçar a vigilância que precisará cultivar para o sucesso de sua alma. Seus depoimentos não são lamentos desprovidos do esforço e da boa vontade para despertar compaixão, mas sim lições vivas e ricas de advertências para quantos se aventuram pelo caminho equivocado da droga. E num ato de espontaneidade pediu para Sileno para continuar. Encorajado pelo grupo e por nós que acabávamos de chegar, voltou a falar:

– Como estava dizendo, minha experiência na Terra foi marcada por uma triste trajetória. Oriundo de família pobre, mas honesta, não pude resistir ao anseio do conforto material que meus pais não podiam oferecer. Dotado de inteligência privilegiada, embora sem cultura, trazia na bagagem espiritual a ambição desmedida que deveria conter, procurando a todo custo em amealhar recursos que me pudessem proporcionar vida fácil e confortável. Cedo esqueci-me de Deus que meus pais, embora simples, ensinaram-me a venerar. Parti para o caminho das drogas na condição de desventurado traficante. Pelas condições intelectuais que me avantajavam perante os demais companheiros de infortúnio, logo ascendi na hierarquia da marginalidade, ocupando posto de destaque no comércio nefando da distribuição. Tornei-me o mentor intelectual de invasores de grupos rivais, sempre na ânsia de ampliar os meus domínios nos guetos da miséria dos morros e favelas da periferia da grande capital onde nascera. Montei uma rede criminosa de distribuição que pudesse chegar às escolas, aos clubes e aos lares, onde a invigilância dos pais permitiam as chamadas festas de embalo. Mas se a ambição sadia é o móvel do progresso, a ambição desmedida quase sempre é a porta do fracasso. O excesso de confiança naqueles que me cercavam distraiu-me na invigilância de mim mesmo, esquecido de que outros, tantos quanto eu, tinham também suas aspirações, ambições e desejos escusos que me fizeram chegar até ali. Quando me acreditava senhor de toda uma situação, fui brutalmente assassinado, sem piedade, como aliás fizera eu com aqueles que outrora se antepuseram no meu caminho. Assim funciona o mundo do crime, que parece não ter fim na sucessão dos assassinatos cruéis. Levei para o túmulo um corpo deformado pela morte violenta e um espírito andrajoso que dele não conseguia deslindar-se pelas conseqüências naturais da vida de apego que levara na Terra. O resto vocês podem avaliar. O sofrimento nas zonas de trevas a que fui submetido por largo tempo, hoje avalio, foi doce refrigério comparado ao que suportei no período de despertamento da consciência quando aqui cheguei. A extensão de meus débitos é tão grande que venho rogando a Deus a dádiva do renascimento num corpo-prisão, com severas limitações nas áreas de comprometimentos que me levaram à falência na última existência que venho de relatar. Fui informado pelos Benfeitores que avalizam a minha petição, de que somente depois de lograr êxito nessa existência é que começarei, numa outra, o processo de regeneração pelo trabalho no campo do bem. Aí está a minha história, resumida e pintada em cores vivas, que espero servir de alerta para todos aqueles que se aventuram ou que desejam se aventurar pelas veredas escuras da marginalidade infrutuosa.

Calou-se Sileno, dando-nos tempo para reflexões.

Antes que pudéssemos tecer considerações em torno do assunto, nosso coordenador chamou-nos a atenção sobre a necessidade de nos dirigirmos para o local onde aconteceria a Conferência. Sob o efeito de forte emoção, deslocamo-nos para lá, não sem antes deixar de externar o meu profundo respeito e admiração por alguém que, mesmo avaliando a extensão de suas faltas, ainda encontrava força e coragem para iniciar seu processo de recuperação.

Capítulo V

A PALAVRA DE FILODEMOS

Os grupos foram chegando paulatinamente. Por volta das vinte horas todo o ambiente estava tomado, dando a impressão de que o anfiteatro havia sido concebido na proporção exata dos expectadores presentes. Não demorou muito e um grupo de jovens assomou à tribuna dispondo-se na formação de gracioso coral. Logo em seguida, Filodemos deu entrada no recinto, ladeado por duas entidades de elevada hierarquia espiritual. O Instrutor aparentava, pelos padrões terrestres, a idade de cinqüenta e oito anos. Aspecto sóbrio e semblante sereno, deixava transparecer no olhar uma paz indefinível que a todos contagiava.

Agora os acordes de vozes ecoavam suavemente por todo o ambiente, aquietando-nos e preparando-nos para as lições de logo mais. Proferida a prece pela senhora que o acompanhava, Filodemos levantou-se e, sem mais delongas, iniciou a Conferência.

– Meus filhos, a Paz do Mestre e Senhor Jesus seja conosco. Há mais de dois milênios Jesus vem nos chamando à necessidade de renovação que não podemos mais adiar.

Os erros praticados no passado refletem-se no presente em forma de aguilhão, impelindo-nos implacavelmente à necessidade da reparação. Somos um punhado d'almas que dormíamos o sono da indiferença, acolhidas agora neste pouso de bênçãos que a Misericórdia do Pai nos propiciou. Amadurecidos pelo sofrimento e de consciência desperta, não podemos mais adiar a retomada do caminho de ascensão para a paz com Nosso Senhor Jesus. Ontem, mergulhados nas trevas da ignorância, quase impossibilitados de raciocinar com lucidez, pela fixação no mal a que nos habituáramos, vagueávamos sem rumo, sem norte em busca de coisa nenhuma.

Mas a Misericórdia do Pai, que não quer a morte do pecador, mas a extinção do pecado, fez com que a dor, fruto da nossa própria rebeldia impusesse, como corretivo aos nossos descaminhos, o imperativo do reajuste inadiável. Muitos dos que amamos já seguiram em frente. Sem nos abandonar, encontram-se hoje em paragens de luz, onde o mal, desde há muito, foi banido pela supremacia do bem. Nossos lamentos e nossas dores têm sido ouvidos por essas almas generosas que, por muito nos amarem, vêm intercedendo por todos nós junto a Jesus. Dessa forma, meus filhos, não vale a pena continuar na rebeldia e na impertinência, distantes das diretrizes do Senhor. Muitos dos que aqui se encontram volverão em breve ao cenário terrestre, favorecidos, mas sem privilégios, à preciosa concessão, quando terão a oportunidade de testemunhar, na experiência física, os conhecimentos adquiridos aqui, na erraticidade. Por isto, é preciso fortalecer a alma para não mais sucumbir ante as árduas provas que acenarão para os grandes testemunhos. Quase sempre, vergados ao peso da imprevidência, desprezávamos a voz da consciência que nos falava à alma em forma de doce advertência. Todavia, a despeito das repetidas quedas, Jesus continua de mãos estendidas, incentivando-nos a levantar e a prosseguir. Muitos dos que nos ouvem temem pelo olvido temporário que o renascimento impõe. Entretanto, por fazerem parte da economia espiritual, essas lembranças, com a sobrecarga das responsabilidades presentes, acabariam por desestabilizar o aspirante ao sonhado projeto de redenção. A jornada é áspera e perigosa, bem o sei, mas alicerçando-se em Jesus lograrão alcançar o êxito almejado.

Além do mais, no curso da existência, os Espíritos Protetores estarão sempre a insuflar pensamentos de coragem e bom ânimo, atenuando os fantasmas das tentações travestidos de tendências. Após vencida a refrega das etapas mais espinhosas, a felicidade relativa será o sinal da vitória que não tardará. Todos aqueles que sucumbiram e depois tornaram-se vitoriosos, não foram os que permaneceram lamentando-se sobre os escombros de si mesmos; confiantes em Jesus, reergueram-se e continuaram a caminhar. Por isso mesmo, meus filhos, renovemos as nossas esperanças e a certeza de que com Ele todo fardo é leve e todo jugo é suave, consoante as suas próprias palavras.

Nesse momento, o Instrutor fez uma pausa mais longa que aproveitei para meditar. Num instante, as recordações do passado me afloraram à mente. Ah ! se pudesse voltar no tempo. Se soubesse naquela oportunidade o que aprendera agora, quem sabe o desfecho pudesse ter sido outro.

Como que lendo as minhas indagações íntimas, o Instrutor arrematou:

– Deus sempre usou de Misericórdia para com todos nós! Através das formas mais variadas, vem promovendo o despertamento da nossa alma, adormecida no sono da indiferença e da irresponsabilidade cruel. Não vale alegar agora falta de conhecimento, quando inexistia disposição e boa vontade para lutar. Se hoje nos dispomos a ouvir, pela circunstância da dor, ontem negligenciávamos na acomodação do menor esforço, estimulados pelo distanciamento dos sentimentos nobres.

O Instrutor fez nova pausa e percebi que todos chorávamos de emoção. Raios de luz de infinita beleza emolduravam o semblante do Instrutor. Dir-se-ia que das suas entranhas um sol nascia para iluminar os nossos corações. Ao encerrar a sua fala, Filodemos agradeceu a Deus e a Jesus como o mais humílimo dos servidores, dando-nos uma lição inesquecível de humildade, ensinamento e respeito às Leis do Criador. Não somente o espetáculo de luz que irradiava do alto contagiava a todos nós; vibrações em acordes melodiosos davam-nos à alma dorida, incomparável sensação de paz.

Terminada a reunião, permanecemos por mais algum tempo no salão, conversando e trocando impressões sobre projetos futuros.

Saímos ainda saturados pelas vibrações de paz e, antes que demandássemos os aposentos, o Coordenador marcou uma reunião com o nosso grupo para o dia seguinte, quando falaria mais detalhadamente sobre os nossos planos futuros. Naquela noite, antes de recolher-me ao leito, como de costume, preparei-me para orar.

Confesso jamais ter louvado e agradecido ao Criador com tamanha devoção. Seja porque trazia da Conferência um legado de novas esperanças, seja porque desejava sinceramente modificar-me; o fato é que, embalado pelos efeitos da prece, adormeci, para despertar no dia seguinte mais disposto e confiante nas minhas possibilidades de êxito futuro.

Capítulo VI

REMINISCÊNCIAS DO COORDENADOR

Convocados a comparecer no salão de estudos da nossa Unidade, nova surpresa estava reservada para todos nós. O Coordenador, que até então ficara no anonimato, fez questão de se apresentar, informando que não o fizera antes por estarmos no período de adaptação na Colônia.

– Como sabem – explicou –, minha permanência aqui, nas cercanias da psicosfera terrestre, conta algum tempo, o suficiente, desde que aqui cheguei, para credenciar-me à condição de humilde cooperador dos nossos Instrutores maiores.

No começo não foi assim.

Aportei a estas paragens na condição de necessitado, pelo padrão de vida material que levava na Terra.

Devo dizer-lhes que, como muitos de vós, abusei excessivamente das facilidades que o mundo propicia às almas invigilantes. Não me faltaram bons conselhos e advertências, que meu espírito orgulhoso e rebelde sempre rejeitava. Imaginem que, vivendo na cidade grande, num berço de família abastada e pais influentes na política e na sociedade, não desejava senão tirar proveito da situação. E porque não mais encontrava nas festividades triviais, pela frugalidade dos eventos que se repetiam numa sucessão interminável e monótona, parti em busca de sensações mais fortes, para desgraça de minha alma. Ao experimentar pela primeira vez o pó branco, tive a sensação de viajar fora do corpo, como se estivesse em plena liberdade. Dinheiro nunca me faltara e por essa razão pude sustentar meu vício durante muito tempo, sem que ninguém percebesse minha dependência. Mais tarde passei a injetar-me a droga maldita, compartilhando com meus colegas de desventura a mesma seringa nos momentos de loucura comunitária. O quadro se agravou de tal forma que, perdendo o controle de mim mesmo, não pude mais esconder os fatos dos que decidiram internar-me num Sanatório para tratamento de doentes mentais e psiquiátricos, pois o efeito devastador da droga, aliado às substâncias etílicas, atingira-me impiedosamente, comprometendo de certa forma as minhas faculdades mentais. Recobrada a lucidez após a desintoxicação pelos efeitos da ação medicamentosa, quase não resisti ao dar-me conta do local onde me encontrava.

Mesmo amparado psicologicamente pelos profissionais que me assistiam, o mundo desmoronou à minha volta, pois egresso de família abastada e tradicional, jamais poderia supor ter que me submeter a tratamento confinatório. Meu primeiro ímpeto foi de suicidar-me numa atitude covarde e desesperada. Mais tarde, entretanto, pude compreender melhor o acerto da providência, pois as crises de agressividade vinham se amiudando, colocando em risco a minha própria vida e a de quantos se avizinhavam do meu convívio devastador. Auxiliado pela profissional que me atendera, busquei acalmar-me, aquietando-me com o suprimento de medicação sonífera e relaxante. Alguns dias se passaram, quando fui informado da existência de uma Equipe Espiritual que atuava nas dependências do hospital. Com o meu consentimento, já que nada mais me restava a fazer, anuí em receber os esclarecimentos dos que se diziam espiritistas.

Apresentei-me, na oportunidade, e narrei todo o meu drama sem omitir coisa alguma, inclusive sobre a intenção de auto-destruição. Para minha surpresa, a senhora que me atendeu ouviu pacientemente o meu depoimento sem nenhuma interrupção, deixando que eu extravasasse toda dor e angústia que calcinavam meu coração. Dirigiu-me, em seguida, um olhar de ternura compassiva, explicando:

– Meu filho, nem tudo está perdido! Precisamos ganhar tempo para o seu trabalho de renovação. Talvez não saiba, mas somos Espíritos eternos, criados por Deus para sermos felizes. A vida na Terra é apenas uma etapa, uma parada na estação do destino, na longa e interminável viagem rumo à perfeição.

A interlocutora fez propositadamente uma pausa mais longa, esperando assim que eu pudesse trabalhar as informações recebidas, ao cabo do que perguntou:

– Você é adepto de alguma religião ?

– Não – respondi com ênfase. – Nunca me preocupei com nada que me subtraísse às delícias do mundo.

Somente agora começo a perceber a extensão da idéia de Deus e da imortalidade da alma. Receio ser um pouco tarde para a realização de outro objetivo que não seja aguardar a morte, pois segundo os diagnósticos médicos, a cirrose hepática avança célere, face às grandes quantidades de alcoólicos que também ingeria nos intervalos dos usos das substâncias tóxicas pelo processo denominado *dependência cruzada.*

Interrompendo-me o curso da conversação, aquela senhora, com trejeitos de mãe, pela maneira carinhosa com que me abordava, continuou:

– A morte a que você se refere, tem sido conceituada equivocadamente como sinônimo de destruição e aniquilamento, quando na realidade aprendemos, consoante a veneranda Doutrina Espírita, que ela é tão somente a desagregação celular do corpo físico, transitório e mortal, dando ensejo a que a alma volte ao mundo dos espíritos com sua bagagem de conquistas felizes ou desditosas, elegendo aí a sua morada feliz ou desventurada. Dessa forma, ainda que a doença não se detenha na sua ação devastadora, resta-lhe a expectativa de preparação que você, bem como cada um de nós precisamos realizar, pois não sabemos o momento a que seremos chamados para junto do Criador.

Aquelas observações judiciosas e oportunas para minha alma combalida caíam como chuvas dadivosas, renovando as minhas esperanças.

Cobrei novo ânimo e aventurei-me a perguntar:

– Será crível que depois de tanta loucura e desatino poderei realizar algo de bom ?

– E por que não? – respondeu-me de pronto a bondosa matrona. – Não foi o próprio Jesus quem afirmou que "das ovelhas que o Pai me confiou nenhuma se perderá"? E que dizer da Parábola do Filho Pródigo, segundo a narrativa do Evangelista Lucas no Capítulo XV, v.v. 11-32? Seu retorno festejado, desperta o aborrecimento do irmão mais velho, que jamais havia desertado do lar paterno. Percebendo a sua inconformação, o pai amoroso fala-lhe com mansidão: – "Filho, tu sempre estás comigo, e tudo o que é meu é teu; entretanto, cumpria regozijarmo-nos e alegrarmonos, porque este teu irmão era morto e reviveu, estava perdido e se achou".

Nesse momento não pude mais suportar. Numa explosão de choro convulsivo, abri as comportas do coração, dando vazão ao sofrimento há tanto tempo represado.

Percebendo-me o constrangimento e a vergonha, a venerável companheira encerrou a conversação, oferecendo-me, assim que me recompusesse, oportunidade para trabalhar. Daí para a frente comecei a freqüentar, com assiduidade, as reuniões semanais de estudos da Doutrina Espírita, a par do tratamento fluidoterápico a que era submetido com regularidade.

As licenças médicas foram se tornando mais freqüentes, até que um dia recebi alta, para a continuidade do tratamento em minha casa, com o acompanhamento ambulatorial. Entretanto, jamais deixei de freqüentar as reuniões espíritas, cujos ensinamentos, alicerçados no Evangelho de Jesus, davam-me a necessária sustentação para sobreviver com dignidade os derradeiros dias que supunha ainda viver na Terra. Dentro das minhas possibilidades, passei a integrar a equipe de trabalhadores daquela Casa e, para minha agradável surpresa, durante longos anos pude ajudar muitas pessoas que se envolviam com drogas. Os casos positivos de recuperação contaram sempre com o apoio familiar, pois o lar ainda é a base de sustentação insubstituível para a edificação do homem na Terra. Felizmente, meus familiares cedo puderam compreender que o viciado é antes um doente, necessitado de tratamento e apoio moral para conseguir sua recuperação. Mergulhado no trabalho assistencial a que me engajei, despreocupei-me de mim mesmo e, talvez por isso, aliado ao tratamento médico continuado, a doença estabilizou-se. Os anos rolaram na ampulheta do tempo e já na idade madura uma síncope fulminante roubou-me a vida, compelindo-me a retornar ao mundo espiritual. Apesar do meu trabalho e da minha dedicação nos dias que me restaram na Terra, não pude subtrair-me do período de perturbação, embora curto, após o desenlace, necessário porém à minha recuperação e adaptação ao novo mundo em que acabara de entrar.

Todavia, logo comecei a freqüentar as reuniões de estudos e participar de excursões de adestramento e aprendizado, para desempenhar, agora do lado de cá, trabalho específico no campo da desobsessão vampirizadora a que se submetem todos aqueles que se deixam escravizar pela dependência da droga. Como podem observar, meu trabalho de recuperação começou ainda na Terra, razão pela qual convido a todos os que se acham comprometidos com as substâncias tóxicas, a se decidirem pelo rompimento com essa prática ilusória e enganosa que levará o dependente, irremediavelmente, de decadência em decadência aos abismos do desespero e da loucura.

Esses espíritos quando desencarnam, pela impossibilidade agora de sustentarem suas viciações, buscam quase sempre os que ficaram na Terra nessas mesmas condições e, pelo processo da simbiose indesejável, sugam-lhes as energias vitais nos chamados processos de vampirização.

O seu depoimento, embora constrangedor, dava-nos grande alento para iniciarmos o período de preparação, com vistas ao pleito de um novo corpo físico para renascimento na Terra, em obediência à lei da Reencarnação. Aberto espaço para perguntas e encorajado pela confiança que ele deixava irradiar sobre todos nós, cobrei ânimo arriscando perguntas:

– Por quanto tempo ainda ficaremos aguardando a expectativa de uma nova oportunidade? E em que circunstâncias se dará a volta, no que diz respeito à indumentária física e os laços consangüíneos que nos vincularão aos futuros pais terrestres ?

Aristodemos meditou por alguns instantes, como se buscasse inspiração de mais alto, respondendo em seguida:

– Por ora não lhes posso fornecer esclarecimentos pormenorizados sobre suas condições futuras, sendo tudo isso obra do tempo e do que lhes compete realizar nas tarefas a que serão chamados para cooperar. De antemão, devo lhes informar que, antes mesmo do renascimento, o Espírito, via de regra, sintoniza-se psiquicamente com os pais terrestres. Após a fecundação, inicia-se, através do espírito reencarnante, o processo de ligação molecular na célula-ovo, imprimindo o perispírito, a partir daí, no corpo físico em formação, suas vibrações energéticas equilibradas ou descompensadas, do que resulta a harmonia, a complexidade ou mesmo a sua deformação. É claro que o processo não é tão simples assim, pois há todo um trabalho prévio de acompanhamento, presidido pelos Benfeitores Espirituais, que avalizam seus tutelados nos delicados e complexos casos de renascimentos provacionais ou expiatórios, interferindo muitas vezes, quando necessário, até mesmo na constituição genética do embrião.

Com respeito ao tempo que demorarão na expectativa de uma nova oportunidade de experiência na Terra, vai depender de estudos e análises que levarão em conta a disponibilidade de pais terrestres, a necessidade e/ou merecimento do candidato e as suas possibilidades de êxito.

Acostumado às facilidades e privilégios terrestres, senti-me profundamente envergonhado ante as colocações judiciosas do bondoso amigo.

Enorme sentimento de culpa corroía minha alma e, antes que pudesse dar asas à imaginação sobre o futuro que me aguardava, Aristodemos concluiu:

– Até lá cabe-me tão somente instruí-los com lições práticas, vividas no dia-a-dia pelos nossos irmãos que ainda se demoram na carne, aguardando por sua vez o retorno para cá.

Adianto-lhes, porém, desde já, que a empreitada não será fácil, uma vez que não nos limitaremos apenas em observar, mas prestaremos socorros de assistência continuada, colaborando com os grupos espiritistas que se dedicam na tarefa de socorro aos irmãos necessitados. O desempenho, a dedicação e o aproveitamento de cada um, constituirão valiosos apontamentos de mensuração, para que os Espíritos construtores, juntamente com aqueles que intercederão por vocês no novo projeto de vida, possam elaborar o mapa existencial a que estarão submetidos na futura existência carnal.

Por algum tempo ainda pudemos ouvir as preciosas considerações de Aristodemos, sempre nos encorajando à tomada de decisão feliz, que não mais poderia ser adiada.

A reunião foi encerrada com uma sentida prece feita pelo Coordenador e, antes que a Assembléia se dispersasse, foram selecionados os grupos que participariam, pela primeira vez, de uma excursão na crosta terrestre.

Eu comporia um grupo formado por duas jovens, um rapaz e um senhor aparentando idade madura pelos traços fisionômicos que o caracterizavam.

Retornei à minha unidade e aguardei ansioso os preparativos preliminares anunciados por Aristodemos para o dia seguinte.

Capítulo VII

NOSSA PRIMEIRA EXCURSÃO NA TERRA

Logo de manhãzinha, fui convidado a reunir-me com os demais companheiros de grupo no Setor responsável pelo trabalho de intercâmbio com nossos irmãos encarnados.

Anacleta, a encarregada dos arquivos e registros estatísticos, recebeu-nos com solicitude, apressando-se em familiarizar-nos com os serviços catalogados naquele órgão sobre os casos de drogadição.

Colocou-nos à vontade para estudá-los, particularmente aqueles previamente selecionados por Aristodemos, a fim de facilitar o trabalho de socorro que, com sua ajuda, oportunamente desenvolveríamos na Terra. Muito surpreendido com a riqueza de informações detalhadas sobre cada um dos casos que me fora dado analisar, não podia imaginar que, sem exceção, todos eles, colocados à nossa disposição para estudos e observações, estavam ligados a intrincados problemas de obsessão, em estágio avançado de subjugação. Durante mais de uma semana, sob a orientação de Anacleta, freqüentamos regularmente o Setor de Comunicações, estudando e analisando com profundidade também as informações que chegavam quase que diariamente da crosta, trazidas pelos espíritos que acompanhavam de perto os irmãozinhos obsediados. Vale ressaltar que tais informações eram processadas na contabilidade espiritual de cada um, o que, de certa forma, servia para manter seus registros atualizados. Como o espírito não retrograda, alguns casos apresentavam evolução pelos esforços e boa vontade dos que desejavam melhorar-se. Outros, indiferentes, permaneciam estacionados na acomodação de si mesmos, não esboçando nenhuma reação positiva para se liberar da situação em que se compraziam. Alguns apresentavam sintomas de maior gravidade, uma vez que chafurdavam-se nos comprometimentos que livre e deliberadamente elegiam para si mesmos, nos laços de simbiose com os espíritos vampirizadores. Sempre sob a supervisão de Anacleta, reunimo-nos para a troca de experiências dos casos estudados, com o objetivo de nos prepararmos para as tarefas práticas que Aristodemos iniciaria conosco proximamente na Terra.

Nossa primeira excursão foi marcada com antecedência de sete dias, tempo suficiente para submetermo-nos a uma série de aplicações magnéticas, com a finalidade de facilitar nossas percepções para o fenômeno de intercâmbio com nossos irmãos encarnados. Com a expectativa do trabalho edificante, aguardamos, com reconhecida gratidão, a preciosa oportunidade que a Misericórdia de Deus nos ensejava pela tarefa a realizar.

A viagem teve início sem que nenhum fato novo

despertasse nossa atenção. Entretanto, ao nos aproximarmos da periferia da crosta pudemos notar com deslumbramento a paisagem terrestre. A tarde caía colorindo o céu de luz avermelhada de infinita beleza. O Sol mais parecia imensa bola de fogo incandescente, que aos poucos desaparecia no horizonte, levando consigo a claridade do dia, dando ensejo à noite que, com seu manto negro, ressaltava com maior beleza as estrelas que salpicavam no firmamento como luzes engastadas na abóbada celeste, que nos faziam meditar com religiosidade e respeito na grandeza do Criador.

Antes de nos aproximarmos do Núcleo, onde iniciaríamos nossos primeiros contatos com os encarnados, Aristodemos, aproveitando as vibrações que deixávamos exteriorizar, sensibilizados pela imponência da magestática beleza que a natureza nos oferecia, convidou-nos a orar.

Em postura discreta e reverente, iniciou a oração:

– Amantíssimo Jesus, sob os teus auspícios iniciamos hoje uma nova tarefa. Concede-nos Senhor as forças necessárias para o cabal desempenho das funções desejadas. Reconhecemos que outrora perambulávamos distraídos, distantes dos teus santos ensinamentos. E por isso mesmo, Mestre querido, os comprometimentos fizeram-nos chafurdar cada vez mais na inconseqüência de erros sem conta. E porque demorávamos para retornar ao caminho reto, a dor, como mestra enérgica e dócil ao mesmo tempo, impôs-nos o remédio corretivo para o despertamento de nossas almas.

De proscritos, Senhor, a tua Misericórdia nos converte agora em tarefeiros de tua Seara, lenindo e consolando os corações das almas aflitas e atormentadas que se afligem na dor. Pelo ensejo de servir-Te, estaremos construindo, também para nós, uma escada de ascensão do umbral para a luz.

Ante a pequena pausa que se fizera, aproveitei para rapidamente meditar. A noite se tornava mais densa, propiciando-nos um espetáculo de rara e infinita beleza, pois as estrelas apareciam agora com maior intensidade de brilho, fulgurando quais pérolas luminosas engastadas no firmamento. E na intimidade de minha alma ponderei como pude durante tanto tempo ficar distante do Criador. Recordando-me das palavras de Jesus sobre as muitas moradas na Casa do Pai, via naquelas miríades de estrelas nos confins do Universo a possibilidade de mundos felizes, onde o bem reina soberano, livre da influência do mal, característica dos mundos de expiação e provas qual a nossa própria Terra. E Aristodemos, que extasiava a todos nós pelo encantamento da sua prece, concluiu:

– Acompanha-nos, Senhor, nesta jornada de trabalho para que aproveitemos o tempo que outrora malbaratamos. Em que pese as nossas fragilidades, ansiamos pela renovação no trabalho edificante do bem. Temos a certeza de poder contar contigo nas horas dos testemunhos e das provas indispensáveis ao soerguimento moral de cada um de nós. Agradecidos e confiantes na Misericórdia do Teu amor, sê conosco, Senhor, hoje e sempre.

Impossível descrever a emoção que tomava conta de nossas almas. Revestidos de energias novas, demandamos em direçao ao Núcleo que nos acolheria para a tarefa iniciante.

Capítulo VIII

O NÚCLEO DE TRABALHO

Antes mesmo de nos aproximarmos dos limites geográficos da Casa humilde que funcionava como posto avançado de trabalho da nossa Instituição, observei movimentação incomum, comparativamente às demais residências em derredor. Refiro-me às atividades dos espíritos desencarnados que ali acorriam em grande número. Eram necessitados e trabalhadores de nossa esfera de ação que se preparavam para o atendimento e o trabalho de isolamento da Casa, providenciando barreiras magnéticas luminosas que a nossa percepção registrava, impedindo a entrada de espíritos sem as condições ideais, estabelecidas pelo regime de seleção previamente organizado pelos responsáveis do trabalho da noite.

Ao nos aproximarmos, fomos saudados e recebidos cordialmente por uma entidade encarregada de recepcionar os espíritos que colaborariam na tarefa de socorro e aprendizado, no trabalho de proteção, preparação e manutenção dos ambientes externos e internos, praticamente concluídos uma hora antes do início da reunião. Colocou-nos inteiramente à vontade e, respeitosamente, pediu licença para que aguardássemos, observando a fase final de preparação, enquanto acompanhava Aristodemos até a presença do Instrutor responsável por aquele núcleo de atendimento.

Ao tempo em que nosso Coordenador se instruía quanto à programação da noite, pudemos observar e fazer preciosas anotações dos trabalhos finais de preparação.

Os espíritos que operavam a harmonização fluídica do Núcleo pareciam ignorar a nossa presença, tal a concentração com que se dedicavam na tarefa sob sua responsabilidade. Não demorou muito, Aristodemos retornou sorridente ao notar nossa perplexidade diante de tanta disciplina e organização.

– Como vêem – disse ele –, as atividades do lado de cá não são improvisadas pelo fato de sermos espíritos. Muito pelo contrário, o senso de responsabilidade é maior, exigindo, de todos os que se dedicam a essa atividade, disciplina e perseverança no trato com os nossos irmãos encarnados. Na maioria das vezes, eles aportam a este Núcleo com desequilíbrios íntimos, raramente perceptíveis pela visão comum, arrastando consigo espíritos vinculados à sua mediunidade doentia, portadores de ódio, vingança, auto-destruição e tantas outras situações constrangedoras que precisamos amenizar para preservar os canais de percepção psíquica do médium doente.

A reunião da noite a que irão assistir contará com o concurso de abnegados cooperadores de nosso plano, propiciando rico aprendizado que será de grande valia para outro tipo de trabalho que futuramente vocês irão desenvolver. Depois de pequena pausa Aristodemos voltou a esclarecer:

– Observem com atenção a participação dos nossos irmãos encarnados na tarefa da noite. À exceção do dirigente e de dois cooperadores do trabalho de arrumação física do ambiente, que já deveria estar pronto com antecedência de pelo menos trinta minutos do início das atividades, ninguém ainda havia chegado.

O Instrutor, embora medindo as palavras, falou sem rebuços:

– Fosse uma reunião de evento social, regado a bebidas e comestíveis, a estas horas, por certo, a Casa já estaria cheia. Sem o intuito de criticar, mas com o objetivo de aprender, observemos.

Faltavam quinze minutos para as vinte horas quando as primeiras pessoas começaram a chegar.

Um casal discutia animadamente sobre as economias domésticas:

– Estamos quase no final do mês e precisamos equilibrar nossas finanças para não sermos desagradavelmente surpreendidos com a falta do necessário.

– Ora Rogério – retrucou a esposa – não seja tão mesquinho assim. Afinal de contas precisamos viver com dignidade. Não me consta que o conforto seja sinônimo de desperdício.

– Não se trata disso – respondeu o esposo –, o que precisamos é viver com parcimônia hoje para garantirmos o conforto de amanhã.

– Sim, sim – voltou a dizer a esposa muito a contragosto, demonstrando intolerância –, deixemos de lado esse assunto que todo final de mês vem à baila nos aborrecendo sobremaneira. Quem sabe hoje não teremos alguma orientação dos espíritos a esse respeito –, concluía levianamente a pobre senhora, demonstrando profundo desconhecimento da Doutrina Espírita.

Já nas dependências do Núcleo notamos que outras pessoas chegavam circunspectas, dando-nos a falsa impressão de respeitoso recolhimento íntimo. Mas, ao adentrarem na Casa espírita, entabulavam conversação com os conhecidos e amigos que ali se encontravam, sobre os assuntos triviais do cotidiano, em flagrante desrespeito ao ambiente acolhedor. Não fosse o trabalho dos operadores espirituais, especialistas na técnica de dispersão de fluidos, dificilmente o trabalho seria produtivo, como quase sempre acontece nas reuniões onde os dois planos se conjugam pela desarmonia, indisciplina e intenção de propósitos menos edificantes.

Aristodemos pediu-me que analisasse mais detidamente o casal a quem nos referimos anteriormente. Com os recursos recebidos dos magnetizadores do Setor de Intercâmbio de nossa Instituição do além e da suplementação de energias exteriorizadas do Coordenador, notei, com espanto e admiração a desarmonia íntima do pobre Rogério, apesar do silêncio exterior que a todos iludia pela expressão facial de austeridade.

Se no mundo das formas mascaramos muitas vezes nossos comportamentos, no mundo espiritual não podemos esconder propósitos e pensamentos íntimos daqueles que nos são superiores. É da Lei que carreguemos na consciência todas as intenções e atos praticados.

O pensamento do irmão Rogério centrava-se na excessiva preocupação dos problemas financeiros, como se a resolução dos mesmos pudesse trazer-lhe de volta a paz íntima tão anelada. Aguardava expectativo novidades e revelações que os espíritos não podiam dar, alheando-se por completo da necessidade de elevar o pensamento para receber ajuda espiritual, o que conseqüentemente desembocaria na equação dos problemas materiais que tanto o afligiam. "Buscai primeiro o Reino de Deus e Sua Justiça e tudo o mais vos será acrescentado". A esposa, por sua vez, direcionava-lhe inconscientemente dardos envenenados de perturbação, questionando-se intimamente quanto à postura do "previdente" marido. Para mim não foi difícil concluir que os benefícios daquela noite memorável à disposição do casal, pouco contribuiriam para evitar a contenda surda da esposa. Raros os que ali se encontravam, munidos de intenções e propósitos elevados.

Desconcentrando-me do casal Rogério, fixei minha atenção agora sobre uma nobre senhora, de cuja fronte emanava intensa radiação luminosa. Aristodemos, apontando-a, elucidou:

– Trata-se de singela senhora aos olhos do mundo, mas que vem se dedicando com extrema boa vontade e cooperação nos trabalhos assistenciais deste Núcleo. Observe que suas emissões mentais não se circunscrevem aos petitórios comuns, tão a gosto dos que, na sua grande maioria, buscam esta Casa. Desfia um rosário de nomes conhecidos seus, em favor dos quais dirige bons pensamentos e preces intercessórias.

Antes que me detivesse na análise dos demais casos em observação, eu e os demais cooperadores de nosso plano fomos convidados a posicionarmo-nos para o trabalho de sustentação fluídica do ambiente. Após a prece singela, mas tocada de profundo sentimento cristão, a dedicada colaboradora e responsável pelo trabalho da noite anunciou o irmão que teria a incumbência de discorrer sobre um tema inspirado no Evangelho de Jesus.

Caberia ao convidado falar aproximadamente durante trinta minutos, tempo suficiente para a preparação dos ouvintes, após o que seriam ministrados os recursos da fluidoterapia através do passe e da água fluidificada. Durante o transcorrer da palestra, eram visíveis, a nós outros, as imagens criadas pelo instrutor espiritual daquele Núcleo que, plasmadas na zona de percepção psíquica do orador da noite, davam-lhe ensejo para desenvolver o tema com maior desenvoltura e segurança. Notei curioso que quando as turbulências psíquicas dos irmãos encarnados se faziam mais intensas, o orador parecia perder momentaneamente o fio da inspiração, no que era obrigado a recorrer aos seus próprios recursos, exigindo nossa pronta intervenção no saneamento, dispersão e isolamento das construções mentais de ordem inferior dos nossos irmãozinhos encarnados.

Mais tarde, Aristodemos explicou que o percentual de aproveitamento da maioria dos encarnados, no que se refere à assimilação do conteúdo da mensagem, é muito reduzido pela falta de interesse e concentração, motivados em grande parte pelo flagelo da obsessão. Daí a importância da preparação do ambiente com a prece inicial, descaracterizando o conceito ritualístico com que os detratores da Doutrina Espírita pretenderam adjetivar nossas reuniões.

Terminada a palestra, os freqüentadores da Casa foram encaminhados para o serviço de passes, onde receberiam a complementação do tratamento. Os espíritos construtores ainda trabalhavam arduamente na ionização da psicosfera ambiente, neutralizando as forças antagônicas que exteriorizavam das mentes perturbadas dos irmãos encarnados, em franca sintonia com as dos desencarnados que acorriam em grande número à reunião da noite. Detive-me, com finalidade de estudos, mais especificamente no casal Rogério e na abnegada trabalhadora anônima do Núcleo, cuja posição espiritual me impressionara. Observando o Sr. Rogério, não pude furtar-me ao desapontamento, pois mesmo após mais de trinta minutos de preparação, ainda apresentava anomalias e complicações de vulto, na zona do córtice cerebral. Não conseguia desvencilhar-se dos pensamentos negativos que o atormentaram no cotidiano. Aristodemos explicou bondosamente que, não fossem os socorros dispensados em seu favor naquela noite, o caso poderia ter desdobramentos imprevisíveis para sua zona cerebral; precisaria, portanto, dar continuidade ao tratamento espiritual da fluidoterapia, para o descongestionamento dessas intoxicações fluídicas, que tanto o perturbavam. Concluindo, arrematou:

– Tudo depende agora da sua boa vontade e perseverança, na continuidade do auxílio em seu favor.

A sua esposa apresentava igualmente um quadro desalentador.

Dir-se-ia mais distante da possibilidade de cura, uma vez que se deixava acomodar no terreno da inconformação, raiando pela revolta e rebeldia, alimentando a concentração de energias envenenadas na região do Centro Cardíaco, que a muito custo os magnetizadores espirituais conseguiram dispersar, evitando assim a síncope fatal, pela desobstrução fluídica das coronárias.

Pudemos constatar mais tarde, que o desentendimento entre ambos tivera clímax e desfecho poucos dias antes da reunião. Graças à ação dos espíritos benevolentes, que intercederam no caso, o desastre pôde ser evitado.

Mas agradável surpresa estava reservada para logo mais. Observando agora, mais detidamente a dedicada trabalhadora da Casa, referida anteriormente, notei que o Centro Coronário da fiel servidora mais parecia uma fonte de luz, emitindo jatos de ondas luminosas em direção aos demais Centros de Forças, dando-lhes equilíbrio e harmonia que, por sua vez, espraiavam-se sobre os plexos do corpo físico. Nesse instante recordei-me da velha e sábia expressão latina "Mens sana in corpore sano". Depois de mais ou menos vinte minutos todos estavam atendidos e a reunião foi encerrada com a prece final do Instrutor, permanecendo no recinto apenas nós e os espíritos trabalhadores da Casa.

Capítulo IX

A OBSESSÃO À LUZ DA REENCARNAÇÃO

Antes de regressarmos à nossa Instituição, Aristodemos solicitou ao instrutor Bernardino algumas considerações em torno da obsessão. O bondoso amigo não se fez de rogado. Reuniu-nos em torno da mesa de trabalho e sem nenhuma formalidade elucidou-nos com simplicidade:

– A obsessão tem-se constituído, nos dias atuais, como um dos maiores e mais cruéis flagelos da humanidade. Ela se instala das mais variadas formas, elegendo suas vítimas dentre aquelas que, perdendo o rumo de Deus, se desviaram da rota celeste, precipitando-se nos abismos do nada.

Criados "simples e ignorantes, isto é, sem saber, mas perfectíveis", conforme a resposta dada à questão 115 de *O Livro dos Espíritos,* não somos predestinados à dor e ao sofrimento, mas a um futuro de gloriosa felicidade. Concedeu-nos o Senhor a liberdade de ação, compatível com os valores espirituais adquiridos.

Muitos se revoltam por não encontrar as causas atuais das suas aflições, blasfemando contra a Justiça Divina, quando deveriam atribuir somente a si mesmos as conseqüências nefastas do mau uso do livre-arbítrio no passado próximo ou distante. Sendo Deus, Pai de amor, justiça e bondade, como conciliar o sofrimento, sem causa aparente, com a felicidade do injusto? E os que vivem na miséria, privados muitas vezes até do necessário, comparados aos ricos, favorecidos pela opulência?

Como explicar os que nascem aleijados, deformados, alienados , em contrapartida com os que, desde o berço, gozam de saúde plena e vitalidade? Somente a Doutrina Espírita nos dá a chave destes enigmas, para o entendimento maduro das aparentes contradições, oferecendo-nos como única alternativa plausível, os recursos da reencarnação, já que Deus, sendo perfeito em todos os seus atributos não poderia ter-se equivocado na Obra da Criação. Imaginar alguém relegado desde o nascimento à condenação de uma vida adversa, sem finalidade útil, seria inconcebível blasfêmia e avançar que os homens algumas vezes têm sido mais benevolentes do que o próprio Criador.

E o que dizer das obsessões que se prolongam desencarnação afora, num inferno infindável de sofrimentos?

Onde a expectativa de acerto, que trará de volta a felicidade, mediante nosso ajuste às Leis de Deus, sem o impositivo da reencarnação? Com ela tudo se explica, tudo se acomoda e tudo se encadeia na Justiça Divina, que cumpre o seu papel.

Os irmãos que nos buscam na noite de hoje,

vivem portando dramas íntimos, de cujas algemas somente se libertarão no dia em que se decidirem a retomar o caminho reto, do qual se desviaram deliberadamente. Geralmente, desse caudal de erros, fizemos das vítimas de ontem nossos verdugos de hoje. "Reconciliai-vos enquanto estiverdes a caminho", recomendou Jesus (*). Felizes os que perdoam incondicionalmente, rompendo por sua vez o elo vicioso das flagelações obsessivas. Mas as obsessões não se circunscrevem ao passado unicamente.

Têm as suas nascentes também nos pensamentos inarticulados de ódio, inveja, ciúme, vingança; na língua ferina que calunia e difama; nos abusos do álcool, do tabagismo e das drogas, em geral, situações que, em princípio, parecem não guardar nenhuma vinculação essencial com os espíritos desencarnados.

Todavia, basta atentarmos para a resposta da questão 459 de *O Livro dos Espíritos,* para verificarmos o grau de influência que eles exercem sobre nós. Isto é muito grave uma vez que, considerando serem eles as almas dos que viveram na Terra e que o fenômeno da morte não transforma ninguém de imediato, é fácil imaginarmos as companhias espirituais que estaremos elegendo para nossa convivência diária.

Por essa razão, urge trabalharmos a obsessão nos dois campos de atividades, evitando que ela cresça nas gradações comprometedoras, sempre mais difícil de imediata solução. Concluindo, o Instrutor Bernardino arrematou:

– Antes de tudo, o obsediado é um médium enfermo que precisa ser tratado convenientemente.

(*) São Mateus, Cap. V. v. 25 e 26.

Convidá-lo precipitadamente para participar das reuniões mediúnicas, sob pretexto de sanar suas perturbações com o exercício da mediunidade, denota no mínimo irresponsabilidade.

Não é preciso muito esforço de imaginação, para perceber que o desenvolvimento prematuro das faculdades medianímicas ampliam as percepções do "médium doente", escancarando ainda mais a sua janela psíquica favorecendo, com isso, a ação nefasta do espírito obsessor que já atua por sob seu intermédio. Dessa forma, ao invés de ajudá-lo, estaremos contribuindo para o desenvolvimento acelerado da sua perturbação. O ideal, seria encaminhá-lo para as reuniões de palestras e passes e, quando for o caso, para as de estudos, sendo sempre observado por alguém da Casa em condições de avaliar o momento oportuno para integrar as reuniões do intercâmbio mediúnico. Casos existem em que, após o tratamento, a faculdade desaparece por completo, não deixando nenhum vestígio de sensibilidade mais acentuada que lembre as anteriores perturbações. Mesmo sem deter a mediunidade ostensiva, temos no campo da inspiração e das intuições um canal sublime de ligação entre a Terra e o Céu.

Bernardino encerrou seus apontamentos prometendo novidades para a próxima reunião.

Capítulo X

O PLANTÃO DE ATENDIMENTO

Na semana seguinte, em companhia de Aristodemos, comparecemos novamente naquele Núcleo de trabalho. Bernardino, o mentor espiritual da Casa, nos acolheu sorridente, com sua costumeira amabilidade. Sem maior rodeio, foi logo explicando o objetivo do trabalho:

– Trata-se – informou – de reunião específica de atendimento individualizado dos nossos irmãos encarnados. Todavia, como vocês poderão notar, eles raramente chegam até aqui desacompanhados dos seus desafetos desencarnados. São portadores, alguns, de obsessão, que tem como causa sentimentos de vingança dos que outrora foram por eles vitimados.

Outros tombaram nas armadilhas da própria invigilância, cultivando viciações que os vincularam às companhias espirituais indesejáveis, das quais não conseguem se libertar.

Os trabalhadores encarnados da Casa atendem preferentemente em duplas, em salas individualizadas, esses irmãos necessitados que buscam este Núcleo de Tratamento.

Trata-se de trabalho desobsessivo em favor dos encarnados, com aconselhamentos e orientações à luz do Espiritismo cristão, alcançando também, indiretamente, os espíritos obsessores a eles vinculados, que mais tarde por sua vez serão atendidos nas reuniões privativas de desobsessão.

Entre admirado e surpreendido, sem entretanto ousar interromper o curso das elucidações, porque indagações íntimas fustigavam a minha alma, aguardei ansioso o início da reunião. Bernardino concluiu as explicações, chamando-nos a atenção para a organização do trabalho em pauta nos dois planos de atividades.

– Do lado de cá, como de costume, – elucidou – todas as providências para assegurar o êxito do trabalho já foram tomadas com a antecedência de duas horas, faltando apenas alguns retoques quanto à harmonização fluídica do ambiente externo, operação que se completará dentro em breve com a formação do cordão de isolamento, elaborado com "material fluídico" de substância eletro-magnética, com a finalidade de impedir a invasão de elementos perturbadores aos objetivos da reunião.

Faltando aproximadamente quarenta e cinco minutos para o início das atividades, começaram a chegar os primeiros trabalhadores da Casa, dando início à arrumação física do ambiente. Em cada sala havia uma pequena mesa com espaço para acomodar uma jarra com água, copos, um exemplar de *O Evangelho Segundo o Espiritismo* e as fichas das pessoas que seriam atendidas.

Quatro cadeiras estavam dispostas, uma do lado esquerdo e outra do lado direito da mesa, onde se posicionariam os atendentes e duas à sua frente para o atendimento individual ou na eventualidade de acompanhante. À medida que chegavam, as pessoas iam se acomodando numa sala ao lado para a preparação do ambiente. Duas trabalhadoras se encarregavam de fazer as anotações por ordem de chegada. Em cada cadeira foi colocado um livro de mensagens à disposição dos interessados enquanto aguardavam sua chamada para o atendimento.

Música ambiente se fazia ouvir suavemente, ajudando na preparação dos trabalhos prestes a começar. A prece geral foi ouvida e acompanhada mentalmente por todos, após o que a Equipe de trabalhadores reuniu-se numa das salas para orar rogando a inspiração do Alto para o bom desempenho das suas tarefas.

– Agora – voltou a considerar Bernardino –, serão trocadas rápidas impressões sobre alguns casos mais complicados, que já vêm sendo atendidos pelos trabalhadores do Núcleo e que merecem uniformidade de orientação por parte das duplas ainda não familiarizadas com a problemática, a fim de que o consulente não passe pelo constrangimento de repetir todo o seu drama íntimo, a não ser quando fatos novos justifiquem desabafar-se, o que, no entanto, deverá ser trabalhado pela dupla em questão, para que o atendimento não fique no terreno das lamentações. Por isso mesmo, a confiança despertada pela dupla, no consulente, é fator preponderante para o êxito do atendimento. Por outro lado, quando a assistência se prolonga por semanas ou meses, conforme as necessidades de cada um, alternam-se propositadamente as duplas para que não se crie o vínculo da dependência que, quando instalado, impede o indivíduo de tomar suas mais simples e próprias decisões.

Algumas exceções são toleradas, não por muito tempo, enquanto se trabalha o atendido, para despertar nele a confiança nos demais componentes do Grupo, uma vez que nesses casos, geralmente, a sua preocupação consiste em não se expor intimamente além da dupla que o atende. Por isso mesmo, ele deverá sempre ser esclarecido quanto à discrição e privacidade de tudo quanto ali for tratado.

Os trabalhadores que desempenham essas atividades devem ter o compromisso com o sigilo, fazendo voto de silêncio, para que os problemas íntimos dos necessitados, que buscam este Núcleo de Assistência, não sejam expostos levianamente à execração pública, fora do santuário desta Casa.

Bernardino interrompeu as suas observações sinalizando que o trabalho estava prestes a começar. Nesse espaço de tempo, aproveitei para meditar sobre as santificadas oportunidades de trabalho que Deus oferece aos espiritistas na Terra.

– Seria um privilégio? – imaginava eu no silêncio das minhas elucubrações. – Talvez méritos? – alongava-se o meu raciocínio em continuadas indagações.

O Instrutor Bernardino, registrando as minhas inquietações íntimas pela sede de conhecimentos novos que fustigavam a minha alma, elucidou para todos nós com aproveitamento geral.

– Os que se encontram aqui na condição de trabalhadores, embora desempenhem tarefa nobre e engrandecedora, resgatam pesados débitos do passado, somente possível pelos sucessivos renascimentos, culminando com a presente reencarnação.

Encorajado pela disposição de ânimo do nobre Instrutor, em elucidar questões tão importantes para todos nós, questionei-o respeitosamente:

– Quer dizer que todos os irmãos trabalhadores, sob nossa observação sairão da Terra redimidos com o passaporte para as bem-aventuranças a que se referiu Jesus ?

O Instrutor modificou a expressão do seu rosto, deixou transparecer um ar de preocupação e arrematou:

– Infelizmente, nem todos conseguem terminar a obra que começaram. O entusiasmo das primeiras horas muitas vezes cede lugar ao desencanto, com as alegadas decepções para evadir-se da responsabilidade. São quais flores que prometem o fruto, mas caem ao primeiro sopro da adversidade. Ao retornarem para cá, em recobrando a sua consciência de espírito imortal, muitos enlouquecem ao avaliar a extensão das oportunidades perdidas que não souberam aproveitar no curso de suas existências. Desequilibram-se a tal ponto, fazendo-se necessária a pronta intervenção dos espíritos magnetizadores, para agir no bloqueio dos registros das suas desventuradas recordações.

Concluindo, o Instrutor arrematou:

– O "muito será pedido a quem muito foi dado" tem aqui a sua explicação prática.

E porque os trabalhos iam começar, Bernardino silenciou, convocando-nos, em seguida, à oração e ao recolhimento.

CAPÍTULO XI

O TRATAMENTO DE ROLANDO

Bernardino sugeriu a Aristodemos que fôssemos distribuídos nas diversas salas para cooperar com as duplas que prestariam socorro aos irmãos encarnados. Em cada sala havia um companheiro do nosso plano, especialista nesse tipo de trabalho. Cabia-nos inicialmente colaborar com o passe e a magnetização da água. Fomos orientados a permanecer em vigilante expectativa de aprendizado, observando atentamente todo o desenrolar das conversações, anotando os detalhes mais importantes para a assistência continuada, além das fronteiras do nosso Núcleo, na vida de relação. Zenildo, o companheiro com o qual trabalharíamos, adiantou-me solicitamente algumas informações sobre o caso à nossa disposição:

– O tratamento do Sr. Rolando dura pouco mais de quatro semanas. É considerado, pela Medicina Tradicional, dependente químico pela ingestão continuada de alcoólicos. No início do tratamento, todos os sintomas indicavam a degenerescência das funções hepáticas que certamente resultaria na cirrose irreversível. Não fosse o tratamento espiritual a que se submete e o esforço em abster-se das bebidas etílicas, o irmão infeliz certamente já teria desencarnado. O esforço e a boa vontade em superar-se o credencia a receber de nossa parte assistência continuada fora de nossa Casa, nas suas atividades do dia-a-dia.

Zenildo interrompeu as observações porque neste instante dava entrada à nossa sala o Sr. Rolando, sorridente e confiante na dupla que já o aguardava para o atendimento. Após os cumprimentos formais, mas sem afetação, o companheiro foi convidado a sentar-se, ficando à vontade para a conversação.

– E então – perguntou Genésio, que parecia deter o comando da entrevista –, como tem passado? Ao que parece o irmão Rolando vem apresentando melhoras consideráveis, não é mesmo?

Rolando esboçou um sorriso de satisfação e considerou:

– É verdade! Ultimamente tenho passado muito bem! Sinto-me mais forte e bem disposto. Parece-me que as forças físicas se renovaram. Espiritualmente venho encontrando energias novas para lutar com mais coragem e determinação. Estimaria, tão logo seja possível, poder colaborar nos trabalhos assistenciais desta Casa.

– E por que não? – respondeu Genésio alegremente. – Trata-se de feliz iniciativa que não podemos adiar. O trabalho em prol dos necessitados lhe fará enorme bem. Providenciaremos, oportunamente, o seu engajamento nas tarefas assistenciais de nossa Casa.

Rolando esboçou um sorriso de satisfação e agradecimento. Ainda lutava para superar suas dificuldades íntimas, mas tinha agora, a seu favor, o ensejo de tornar-se útil aos semelhantes, fortalecendo seus esforços de recuperação. No íntimo imaginava como poderia ele, recentemente saído dos seus escombros morais, oferecer ajuda aos que ainda se mantinham atolados no pântano das viciações. Como seria recebido pelos amigos de infortúnio, acomodados no menor esforço sem se decidirem pela renovação?

Genésio, visivelmente inspirado por Zenildo, que lia sem dificuldades o pensamento inarticulado de Rolando, dirigiu-lhe palavras de alento e consolação, arrematando:

– Meu amigo, embora distantes das condições ideais dos verdadeiros discípulos do Senhor, Jesus conta conosco quando há sinceridade de propósitos em nossos corações. As Bem-Aventuranças cantadas pelo Divino Amigo são um hino de esperanças, para todos nós. O passado é página morta no livro da vida, quando nos dispomos a retificá-lo no presente sob os auspícios das esperanças futuras. Encontramos no Evangelho de Jesus o sentido para viver de forma diferente do pactuado com o jogo das ilusões.

Sensibilizado com as colocações de Genésio, Rolando esboçou um agradecimento, delicadamente emudecido pelo esclarecedor. A um sinal seu, convidou a companheira de trabalho a levantar-se, iniciando com a oração a aplicação dos recursos magnéticos do passe.

Rolando oferecia agora as condições ideais para receber o atendimento. Sintonizado nas ondas mentais de Genésio, que por sua vez vibrava na freqüência de

Zenildo, Rolando aguardou confiante o socorro esperado.

Postamo-nos junto a ele, estendendo as nossas mãos espalmadas, uma na altura do Centro Coronário e a outra na região do Baixo Ventre. Percebíamos, com clareza, que as emanações fluídicas de nosso plano se misturavam às energias ectoplásmicas dos irmãos encarnados, sendo absorvidas pela organização perispiritual do assistido. Terminada a operação, Rolando despediu-se de regresso ao lar, guardando novas disposições de ânimo para a tarefa prestes a iniciar. Outros casos, não menos importantes, foram atendidos pelas demais duplas da Casa. Encerrada a reunião, foram feitas as avaliações de praxe e distribuídas tarefas aos trabalhadores de nosso plano para o acompanhamento dos diversos casos ali atendidos.

Fomos designados para acompanhar o caso Rolando durante os dias que antecederiam a próxima reunião. Movidos por curiosidade sadia, ansiávamos pela oportunidade de observar para aprender. Em companhia de Zenildo, deslocamo-nos até a casa do companheiro, aguardando o momento do sono físico, quando o amigo, em desdobramento, teria a oportunidade de conversar conosco no mundo espiritual. Devido às suas condições, Rolando lutava com dificuldades para se desligar do corpo com a desenvoltura desejável, para alçar vôos mais altos. Chumbado ao corpo físico, do qual não podia distanciar-se com facilidade, para atendimento mais eficaz, acomodamo-nos próximos ao quarto, aguardando seu desdobramento. O relógio da sala apontava pouco mais de meia-noite quando o companheiro, qual fantasma assustado, veio até a sala, sem registrar nossa presença.

Zenildo aproveitou a oportunidade para esclarecer rapidamente:

– Os irmãos nas condições espirituais de Rolando, encontram grandes dificuldades para vencer a "gravidade" do mundo espiritual, face ao "peso específico" do seu perispírito.

O apego excessivo à matéria, bem como as viciações de toda ordem, provocam a densidade perispiritual a que nos referimos, dificultando o desprendimento e conseqüentemente o acesso do Espírito encarnado às zonas superiores do mundo espiritual.

Nesse momento, ainda um pouco confuso, Rolando registrou nossa presença, sem todavia identificar-nos.

– Precisaremos utilizar os recursos magnéticos à nossa disposição, para desanuviar-lhe a visão espiritual – anunciou o companheiro.

Sem perda de tempo, Zenildo aplicou-lhe energias na região frontal do cérebro durante alguns minutos. Observei que das suas mãos saíam substâncias luminosas, que se espraiavam por toda a região perispiritual de Rolando.

A operação não foi demorada. No entanto, registrei, vivamente surpreendido, modificação radical na sua estrutura perispiritual, de forma a dar-lhe mais leveza e luminosidade. Tive a impressão de que o amigo Rolando tomara um banho de luz, despojando-se dos fluidos mais pesados que o envolviam, podendo agora identificar-nos com relativa facilidade.

Nossa freqüência vibratória também foi ajustada para facilitar o diálogo com o companheiro. Ao divisar-nos, Rolando não pôde conter sua emoção. Dirigiu-se a Zenildo e, num ato instintivo, fez menção de beijar-lhe as mãos em agradecimento por tudo quanto vinha recebendo, durante o período de tratamento na Instituição.

– Meu bom irmão – disse sob o efeito de forte emoção –, não fosse a sua assistência carinhosa, tolerando por vezes as minhas recaídas, quando acreditava nas reais possibilidades de minha recuperação, provavelmente hoje estaria nas condições de suicida inconsciente sem remissão. Aproveito a oportunidade deste rápido encontro, que a Misericórdia de Jesus me propicia, para rogar, mais uma vez, o seu concurso valioso em meu favor, nas tarefas que me aguardam nesta nova fase da minha vida. Como espírito, muitas vezes prometemos fidelidade e sacrifícios nos testemunhos da vida. Mas, tão logo no corpo, e diante das primeiras dificuldades, quase sempre esquecemos os compromissos assumidos, perdendo preciosa oportunidade de enriquecer o patrimônio espiritual que nossa alma reclama.

As colocações de Rolando mais se assemelhavam a uma súplica, porque como espírito encarnado, enfrentava agora o momento crítico da transição.

Zenildo, aproveitando a pausa do companheiro, falou com mansidão:

– Meu caro Rolando, todos nós um dia teremos que dar o nosso testemunho de fidelidade a Jesus.

"Aquele que quiser seguir-me – disse ele –, tome da charrua e não olhe para trás". Entretanto, para romper com a retaguarda de sombras enfrentamos crises que, superadas, darão mais grandeza e dignidade às nossas lutas. Fidelidade a Jesus também significa vitória sobre nós mesmos. Os cristãos de outrora foram perseguidos e vilipendiados pelas autoridades constituídas de Roma. Queimados vivos nas fogueiras, ou expostos à execração pública nos circos do martírio, eram devorados pelas feras famintas nos espetáculos sangrentos de dor. Sofriam, outros, as perseguições implacáveis com as expropriações dos seus bens e a separação de seus entes queridos.

Este era o alto preço que se pagava para seguir Jesus. Hoje, não mais os Césares e os espetáculos sangrentos dos circos romanos. A luta há que ser travada na intimidade do próprio ser. Carregamos dificuldades que precisam ser superadas, ainda que à custa de ingentes sacrifícios. A despeito de tudo, vale a pena seguir Jesus, quando sabemos que todos os que o fizeram lograram encontrar a paz que o mundo ainda não pode dar, nem compreender.

Zenildo silenciou por alguns instantes, dando tempo a que Rolando assimilasse suas considerações, arrematando em seguida:

– Volte para o corpo, querido irmão, e continue contando conosco. Jesus não desampara aqueles que sinceramente desejam segui-Lo. Quando a dor, como a grande instrutora da alma o requisitar, para os testemunhos mais ásperos, recorra a Ele, o médico Divino de nossas almas e encontrará alívio e refrigério para o seu coração.

Antes que Rolando se acomodasse novamente junto ao corpo físico em repouso, Zenildo convidou-me a orar em agradecimento ao Pai pelo encontro da noite. Embora expressando-me com singeleza, percebi que forças desconhecidas desciam sobre mim e se espraiavam ao meu derredor, concentrando-se com maior intensidade sobre nosso irmão Rolando que as absorvia com avidez. Vimos então que ele foi atraído para o corpo físico, qual o imã atrai as limalhas de ferro.

Visivelmente surpreendido com o fenômeno, inusitado para mim, voltei-me para Zenildo e, antes que pudesse manifestar minha admiração, o bondoso amigo esclareceu:

– Trata-se de fenômeno comum para aqueles que se encontram na posição espiritual de Rolando. O corpo físico exerce sobre ele poderosa atração fluídico-magnética, que com o tempo e pelo trabalho no campo do bem, vai se enfraquecendo. O Espírito, pela inversão dos valores adquiridos, vai paulatinamente exercendo sua predominância sobre a matéria. Já as almas missionárias, quando encarnadas na Terra, têm, nos desdobramentos, maior elasticidade nas suas atividades espirituais, atingindo regiões do astral inacessíveis mesmo aos Espíritos desencarnados de mediana condição espiritual.

Embora demonstrasse interesse em continuar ouvindo as suas explicações, o amigo convidou-me a retornar para acompanhar oportunamente o nosso tutelado, em alguns episódios de sua vida diária.

Capítulo XII

O DIÁLOGO COM A ESPOSA

Na manhã daquele mesmo dia, Rolando apresentou-se mais circunspecto durante o café matinal.

Dona Erotildes, sua dedicada esposa e companheira, abordou-o delicadamente:

– Querido, percebo no seu olhar soturno algo que me preocupa. Gostaria de poder ajudá-lo, se é que alguma coisa o aflige verdadeiramente. Noto que ultimamente tem demonstrado grande esforço para acompanhar as atividades do Centro Espírita que freqüenta. Imagino que o compromisso assumido com sua recuperação e a possibilidade de cooperar nas tarefas daquela Casa, possam ser o motivo da sua apreensão. Alie-se a tudo isso as dificuldades naturais do trabalho profissional.

Aproveitando-se da pequena pausa, enquanto o marido entabulava a resposta, Zenildo considerou:

– Rolando é vendedor autônomo e representa conceituada empresa no ramo de tecidos na região interiorana do Estado. Apesar da crise que atinge o setor, vem trabalhando com empenho e dedicação, tendo-se destacado no cumprimento das metas estabelecidas pela Companhia. Por isso mesmo ganhou a confiança e a admiração dos seus superiores. Embora autônomo, vislumbra com a possibilidade de premiação, planejando ser transferido para região mais nobre da capital.

Antes que a esposa retomasse o curso de suas considerações, Rolando, que registrava a delicada manifestação de carinho e apoio da nobre companheira, respondeu:

– Minha cara Erotildes, não se tratam de preocupações atreladas à Instituição que freqüento e muito menos ao trabalho profissional que exerço. É que nesta noite tive a impressão de ter sido visitado por Entidades veneráveis que avalizam meu processo de recuperação. Reconheço que ultimamente tenho recebido muita ajuda e temo por recaída traindo sua confiança e adiando as possibilidades de efetiva recuperação. Sabe, minha boa Erotildes, que às vezes sinto-me assaltado por um medo inexplicável de fracasso iminente, para logo cobrar novo ânimo e seguir adiante. Nessas horas é que registro mais de perto a ação dos Bons Espíritos que face à Misericórdia de Deus não me têm faltado. Há que ser reconhecida também a sua inestimável colaboração para o êxito que até aqui venho alcançando. Nesta manhã, todavia, minha circunspecção é sinônimo de alegria serena e confiança no futuro. Preciso sem detença recuperar o mais breve possível o tempo perdido. Aprendi que o futuro começa com as nossas ações do presente. Como são conseqüentes, fica difícil delimitar suas fronteiras visto que muitas ações provocadas no presente têm respostas imediatas nas suas reações surpreendentes. Daí minha expectativa otimista na manhã de hoje por guardar a certeza de, nestes últimos tempos, ter realizado os melhores esforços para a edificação de minha alma.

Erotildes, entre emocionada e surpreendida pelas colocações que deixavam extravasar a confiança e a responsabilidade do companheiro, não pôde impedir as lágrimas de alegria, pois até ali partilhava também da vitória que Rolando começava a alcançar.

Capítulo XIII

REVENDO AMIGOS

No desempenho das atividades do dia-a-dia, Rolando parecia cada vez mais superar-se, demonstrando o quanto assimilara dos ensinamentos recebidos, não somente dos colaboradores do Núcleo a que se afeiçoara, mas também dos amigos espirituais que, em estado de desdobramento, socorriam-no quando a situação acenasse com momentos de perigos e desastres iminentes. Sempre que possível, acompanhava o esforçado companheiro nos testemunhos diários, notando que a prece cultivada religiosamente todas as manhãs era o seu escudo do qual não abria mão para o enfrentamento das situações adversas que acometem a criatura humana na experiência da carne. De tempos em tempos, agora em intervalos mais espaçados, Rolando sentia-se quase que irresistivelmente atraído para os amigos e os locais onde outrora cultivava suas viciações. Nessas horas pressentia que forças antagônicas lutavam entre si. Era o homem velho acomodado que resistia aos anseios de libertação do homem novo, esforçando-se por resgatar-se das amarras do passado desditoso.

Certo dia, quando os compromissos o impediram de retornar ao lar por excursionar numa região de trabalho mais distante, procurou acomodação simples numa pensão familiar para ali pernoitar e prosseguir no dia seguinte em suas atividades profissionais . Após o jantar, dirigiu-se para a pracinha da cidade, acomodando-se num dos bancos do jardim, sob o frescor da noite tépida, para descansar e meditar.

Como toda cidade interiorana de pequeno porte, o local não apresentava grande movimentação.

Algumas crianças trazidas pelos seus pais brincavam alegremente em volta do coreto, margeado por canteiros de flores coloridas e bem cuidadas, onde aos domingos a banda apresentava suas retretas para alegria da garotada. Tomando-se como exemplo, via em cada uma delas a promessa do futuro, imaginando a responsabilidade dos pais na sua educação e edificação do homem de amanhã. Somente agora começava a despertar para os grandes compromissos da paternidade. Reavaliava os valores da nobre esposa que, no anonimato do lar, se convertera em anjo tutelar do seu filho e também da sua existência. Não fora ela, o alento nos momentos mais difíceis, com certeza não lograria alcançar o equilíbrio relativo de que desfrutava na presente fase da vida. Esses pensamentos fluíam com o sabor de uma verdadeira prece. Sentia-se enlevado por vibrações reconfortantes e restauradoras que lhe extasiavam o ser. De repente, foi interrompido nas suas meditações. Alguém descansou as mãos no seu ombro e o interpelou alegremente, como que desejando matar a saudade dos velhos tempos:

– Amigo Rolando! Há quanto tempo não nos vemos! Por onde andou?

Ainda sob o efeito da agradável surpresa do encontro com o velho amigo, exclamou:

– Jonas, que satisfação vê-lo de novo, particularmente num local como este, não muito comum como ponto de encontro de nossas velhas amizades.

– O mesmo digo eu, meu caro Rolando – retrucou Jonas. – De uns tempos para cá tenho encontrado dificuldades em manter os círculos de amizades com os antigos companheiros que circunstancialmente são obrigados a pernoitar fora de casa pelo impositivo da profissão. Não há mais como sustentar as conversações fúteis e os costumes equivocados do passado. O clima em que vivo hoje é completamente diferente, não havendo compatibilidade de sentimentos que permitam deixar-me à vontade nas companhias de outrora.

Talvez encorajado pelo depoimento de Jonas, Rolando aparteou:

– Folgo em saber que não estou sozinho nessa luta de transformação íntima. Acredito que o amigo, assim como eu, deve ter enfrentado grandes dificuldades para adaptar-se à nova vida. Por minha vez, durante os primeiros tempos fui constrangido a ouvir referências desairosas sobre o meu esforço de transformação, atribuído levianamente ao fanatismo religioso, levando-me por vezes ao desespero e quase à falência moral.

Jonas, que ouvia com acentuado interesse a narrativa de Rolando, considerou:

– Comigo foi um pouco diferente. Bem mais velho que você e talvez por alimentar a dependência durante um tempo relativamente longo, meu organismo não resistiu; fui levado para tratamento em regime de internação hospitalar para desintoxicação e cuidados médicos especiais, durante aproximadamente vinte e oito dias. O tempo, embora curto, foi suficiente para despertar a minha consciência adormecida, distante das responsabilidades superiores. Tão logo tive alta médica, passei a freqüentar as reuniões de um grupo de alcoólicos anônimos, por indicação de pessoas amigas que conheciam a minha problemática. O fato é que hoje, não somente me libertei da bebida, como também restaurei a minha dignidade, corrompida pela dependência degradante do álcool. Agora faço parte da equipe de trabalho desse operoso grupo de apoio denominado Alcoólicos Anônimos.

Após ouvir o depoimento de Jonas, Rolando observou:

– Também eu fui informado quanto aos malefícios do álcool, hoje catalogado como doença crônica incurável.

– É verdade – aparteou Jonas. – Aprendemos com os Alcoólicos Anônimos que a doença pode estabilizar-se pela interrupção da ingestão de bebidas alcoólicas, com exceção das seqüelas irreversíveis deixadas pela temida cirrose hepática, quando em avançado estágio de degeneração celular.

– Meu bom amigo! – comentou Rolando com um sorriso de satisfação. – Somos verdadeiros privilegiados pela consciência que temos hoje sobre o efeito devastador do álcool na criatura humana.

Jonas meneou a cabeça em sinal de concordância e completou:

– É verdade, daqui para a frente, vale a responsabilidade do conhecimento adquirido e o dever inadiável de trabalhar, com o exemplo de nossa sobriedade e depoimentos em favor dos que também desejam libertar-se desse flagelo social.

O relógio apontava quase vinte e duas horas quando os dois se despediram desejando votos de felicidades recíprocas. Antes de retirar-me para junto do agrupamento espiritual a que pertencia, fiquei imaginando na extensão dos benefícios que a criatura humana pode colher, quando tem a sua consciência fixada no bem.

Capítulo XIV

NOVAS EXPERIÊNCIAS

Três dias depois, Rolando retornava ao Núcleo de atendimento trazendo algumas novidades. Fora convidado para trabalhar no escritório central da Companhia como encarregado do Departamento de Vendas. Por essa razão, estava providenciando a sua mudança, com a família, para a cidade de São Paulo. Sentia-se inseguro por ter que deixar o Núcleo, onde a perspectiva de trabalho no bem contava como fator importante para sua recuperação. Se por um lado regozijava-se com a possibilidade de melhor salário, por outro preocupava-o a necessidade de adaptação num grande e populoso centro, distante dos amigos que tanto o incentivavam na sustentação da fé, mormente nos instantes mais cruciais de sua vida.

Recebido pelos amigos do Núcleo, ele externou suas preocupações, ante as possibilidades de perspectivas novas. A procura e o entrosamento com um novo agrupamento espiritual na cidade grande e as novas funções do cargo, avultando as suas responsabilidades profissionais, deixavam-no extremamente preocupado. A dupla que neste dia atendia ao nosso companheiro indicou um agrupamento espírita de confiança naquela cidade, para que ele e sua família pudessem freqüentar.

– Tranqüilize-se meu caro Rolando! – disse a senhora que conduzia a entrevista do dia. – "Quando o trabalhador está pronto o serviço aparece". Acreditamos ser o seu caso para enfrentar agora esse novo desafio.

Notei que neste instante Zenildo inspirava mais fortemente a interlocutora, que arrematou:

– Você desfruta hoje de considerável equilíbrio espiritual, alcançado pelo esforço em modificar-se. Vá e confie na proteção Divina, guardando a certeza de que, no novo agrupamento, o ensejo do trabalho não lhe faltará. Se souber aproveitar esta nova fase da sua vida que se avizinha promissora, terá dado decisivo passo neste capítulo de sua existência.

Visivelmente emocionado pelas palavras de incentivo alentador, Rolando, num gesto instintivo, osculou as mãos da senhora que o atendia, banhado em lágrimas de reconhecida gratidão.

As conversações se estenderam por mais algum tempo em considerações sobre a nova experiência de vida que aguardava o promissor companheiro de atividades espirituais. Após a leitura e comentários de pequeno trecho do *Evangelho* de Jesus, a aplicação do passe e a ingestão de água fluidificada, nosso amigo despediu-se mais confortado, guardando no íntimo serena confiança nas suas possibilidades de êxito. Chegando em casa, compartilhou a alegria com a esposa, que o incentivou ainda mais no enfrentamento da nova situação. Tempos depois, ele e sua família demandavam a grande Metrópole, instalando-se em definitivo num dos bairros mais populosos da zona norte da capital, passando a freqüentar com assiduidade o agrupamento espírita que lhe fora indicado. Adaptando-se rapidamente às novas condições do trabalho profissional sem a necessidade de viajar constantemente, pôde dedicar-se com mais intensidade às atividades espirituais. Logo apareceram as primeiras tarefas no Centro Espírita a que se filiara. Dentre elas, a visita periódica a um hospital especializado no tratamento do pênfigo foliáceo, vulgarmente denominado de “fogo selvagem”. Integrou-se nesse trabalho com tamanha dedicação, que mais tarde foi-lhe conferida a responsabilidade de coordenar um grupo de visitadores junto àquele hospital.

Capítulo XV

DIÁLOGO COM O FILHO

A rotina do trabalho profissional seguia o seu curso normal, o que lhe dava tranqüilidade para desdobrar-se entre as atenções do lar e as tarefas sob sua responsabilidade no agrupamento espiritual.

Certa noite, quando voltava do trabalho para descanso no lar, foi interpelado de forma surpreendente pelo seu único filho, adolescente, que até então não parecia demonstrar grande interesse pela conduta do pai.

Ultimamente vinha conversando mais freqüentemente com a mãe, chegando mesmo a questioná-la, certa feita, quanto à mudança de humor do pai.

Notava-o mais alegre e jovial, parecendo ter aposentado aquela postura triste e irascível dos últimos tempos. Não se conteve, aproveitando uma oportunidade propícia para abordá-lo:

– Meu pai! Nas conversações em família de outros tempos, não me atreveria a falar assim com o senhor. Hoje, porém, sinto mais segurança em estar ao seu lado. Recordo, com tristeza, dos tempos em que chegava em casa completamente embriagado. Embora sem maltratar mamãe, entristecia-me muito vê-lo alcoolizado. Sentia-me envergonhado junto aos amigos e isto me causava grande revolta. Sofria calado por vê-lo sofrer também. A sua expressão era a de um homem triste e derrotado. Mas mamãe sempre intervinha, amenizando as minhas dores íntimas e minimizando as suas faltas. Por isso mesmo, eu não conseguia desprezá-lo. Ensinava-me, pacientemente, que com a ação do tempo e a ajuda de Deus um dia haveríamos de resgatá-lo. Hoje, vendo-o tão modificado, acho que mamãe tinha razão. Ela tem-me dito que desde algum tempo, antes mesmo de nos mudarmos para a Capital, o senhor vem freqüentando um agrupamento espírita. Estou muito feliz e interessado em saber mais detalhes a esse respeito. Que me diz?

Enquanto ele se calava, aguardando resposta, Rolando meditou sobre a nobreza de caráter do querido filho e da dedicada companheira que os céus lhe enviaram.

– É verdade – respondeu, entre emocionado e agradecido. – A Doutrina que venho estudando despertou-me a noção de responsabilidade. Aprendemos com o Espiritismo que devemos preservar a saúde do corpo físico tanto quanto da alma. Deus, na sua infinita sabedoria e bondade, estabeleceu Leis soberanas e eternas para regular a perfeita ordem e harmonia do Universo, onde estamos inseridos, objetivando o nosso progresso. Vivendo em consonância com os mecanismos dessas Leis, construiremos nosso destino glorioso de ventura perene. Assim, aos poucos fui descobrindo as vantagens de ajustar-me nessa sintonia, começando pelo respeito aos limites do corpo físico na disciplina de uma vida regrada, sem excessos. Dessa forma, estou buscando, com nova disposição de ânimo, a minha necessária e inadiável transformação. Embora na qualidade de Espírito devedor, posso dizer que hoje sou feliz pela oportunidade de trabalho e regeneração que a Doutrina Espírita me proporciona.

Percebendo o interesse do filho ante as suas colocações, Rolando aproveitou-se da ocasião para convidá-lo a participar das reuniões de estudos na Instituição a que se filiara.

A resposta não poderia ser mais animadora. Ele concordou em acompanhá-lo para ser apresentado oportunamente ao responsável pela Coordenação dos trabalhos da Mocidade Espírita da Instituição.

Naquela noite, Rolando recolheu-se mais cedo, tendo a impressão de que o diálogo esclarecedor valera por verdadeira prece ao seu coração agradecido, pela dádiva que acabara de receber.

Capítulo XVI

A PALESTRA DE TIMÓTEO

Alguns dias se passaram. Alberto, em companhia dos seus pais, Erotildes e Rolando, chegava ao núcleo espírita para ouvir a primeira palestra seguida de vibrações e passes.

O assunto da noite estava a cargo de Timóteo, valoroso batalhador da causa espírita. Discorreria sobre o palpitante tema A Reencarnação - Instrumento da Justiça Divina. Após a saudação habitual que valeu como verdadeira prece, iniciou a sua fala:

– Meus companheiros e irmãos!

A reencarnação, ou pluralidade das existências, é o instrumento de que se serve a Justiça Divina para fazer cumprir os ditames das Leis de Deus. Outras Doutrinas Filosóficas trataram do assunto de forma velada ou secreta. No entanto, caberia à Doutrina Espírita, surgida a 18 de abril de 1.857, com o lançamento de *O Livro dos Espíritos,* na França, pelo codificador Allan Kardec, popularizar a teoria dos renascimentos sucessivos, com o objetivo da purificação da criatura humana.

O termo reencarnação "re-encarnar", que significa reentrar ou voltar à carne, foi criado à época por Allan Kardec, para dar maior clareza de linguagem ao significado da palavra, cuja crença era alimentada pelos povos da antigüidade, particularmente entre os egípcios e indianos que acreditavam na transmigração das almas, ora em corpos humanos, ora em corpos de animais. Mas a teoria da transmigração, nos moldes estabelecidos pela Doutrina da Metempsicose, não encontra amparo na Doutrina Espírita. Esta, estabelece pela Lei da Reencarnação, a progressividade do Espírito sem retrogradar, num ascendente constante para a perfeição. Sem ela, como compatibilizar a justiça e a bondade do Criador face aos quadros de sofrimentos à nossa volta? Como explicar os nascimentos de criaturas deformadas, aleijadas, alienadas que desafiam inclusive a genética, importante ramo da Biologia que estuda as leis da transmissão dos caracteres hereditários, quando sabemos que pais sadios podem gerar filhos comprometidos e vice-versa?

Nós – continuava ele vivamente inspirado –, somos os construtores dos nossos próprios destinos. Nos arquivos da alma, estão registrados os atos das vidas pregressas, com reflexos no presente. Tal acervo, constitui o nosso patrimônio espiritual, deixando suas marcas no corpo físico e definindo também as tendências que caracterizam o padrão do nosso comportamento atual.

Sabedores da nossa grande responsabilidade pelo uso do livre-arbítrio, o Mestre recomendou o cuidado com a semeadura, face ao impositivo da colheita. A reencarnação, um dos princípios básicos da Doutrina Espírita, é lei de Justiça e Amor, da qual a

Misericórdia Divina se utiliza para fazer progredir a criatura humana, pelo fatalismo da perfeição. A experiência terrena é, pois, preciosa dádiva que não devemos tratar com indiferença. A maioria dos que vivem hoje na Terra, desprezam esse fato justificando, levianamente, que precisam aproveitar a juventude enquanto as forças físicas lhes dão sustentação. São quais flores que se despetalam ao primeiro sopro do vento forte da adversidade, ficando apenas na promessa do fruto que não lograram alcançar. Mas a morte, que a todos arrebata, chegará um dia também para essas almas distraídas, impondo-lhes inexoravelmente o seu retorno, despertando-as do sono da ilusão. E ao se defrontar com a realidade da vida, após a morte, muitos choram o arrependimento tardio do dever não cumprido, amargando a espera de outra oportunidade na carne. E porque Deus é Pai de Misericórdia, depois do estágio preparatório na erraticidade, volve o espírito culpado ao palco da vida terrestre para reconstruir o seu destino feliz comprometido no passado.

Alberto, que ouvia com acentuado interesse as colocações do orador da noite, não pôde sopitar a curiosidade. Dirigiu ao pai um olhar indagador, como que desejando explicações mais claras para a sua condição de novato em matéria de Espiritismo.Tocando-o de leve, Rolando solicitou que aguardasse o término da reunião.

Timóteo, que a todos encantava pela simplicidade de sua exposição, continuou:

– Se por um lado a reencarnação acena sempre com a possibilidade do recomeço, por outro, não vale a pena apostar irresponsavelmente no amanhã, adiando indefinidamente a oportunidade de ser feliz. Muitos, reconhecendo a extensão de seus débitos descoroçoam a meio do caminho, fixando-se em lamentações infindáveis e improdutivas, corroídos pelo remorso destruidor. Mas Jesus, que conhece a extensão de nossas faltas e as fragilidades das promessas humanas, nem assim nos abandona. "Aquele que quiser seguir-me" – asseverou -, "tome da charrua e não olhe para trás". Foi assim com Maria de Magdala, foi também com Saulo de Tarso, convertido em Paulo, o apóstolo da gentilidade. Guardando as devidas proporções que nos distanciam desses dois baluartes do Evangelho nascente, comecemos a construir desde agora nosso futuro feliz.

Se o mar é constituído de gotículas e o deserto dos diminutos grãos, as distâncias consideráveis também serão vencidas com a iniciativa do primeiro passo. A partir daí estaremos edificando o paraíso consciencial, na vivência identificada com o bem para, quem sabe, um dia, podermos afirmar com Paulo de Tarso: "Vivo, não mais eu, mas Cristo vive em mim".(*)

Embora distante das esferas resplandecentes, Paulo sentia, na vida nova que levava, a presença constante de Jesus. Ensina-nos a veneranda Doutrina Espírita que céu ou inferno é estado consciencial de cada um, motivo pelo qual devemos iniciar desde agora nosso processo de renovação espiritual.

Concluindo, arrematou:

– Para que adiar a possibilidade de ser feliz se podemos sê-lo desde agora?

Propositalmente, o orador da noite deixou a

(*) Epístola aos Gálatas, Cap. 2, v. 20.

questão no ar, provocando indagações íntimas que deveriam ser respondidas por cada um de nós, encerrando, com uma prece de louvor e gratidão, a sua alocução da noite.

Após as vibrações, com a aplicação do passe reconfortador e servida a água magnetizada, a reunião da noite foi encerrada. As pessoas foram se despedindo uma a uma, permanecendo algumas no recinto, inclusive Alberto, para confabulação reservada com o orador da noite.

Capítulo XVII

ESCLARECIMENTOS OPORTUNOS

Alberto aguardava, por sua vez, a oportunidade de falar e também agradecer os ensinamentos recebidos naquela noite memorável para seu espírito sequioso de novos conhecimentos.

– Bondoso amigo, desejo apresentar-me. Meus pais, Erotildes e Rolando, são freqüentadores assíduos desta Casa. Entretanto, venho pela primeira vez ouvir uma conferência espírita. O assunto despertou-me grande interesse em aprofundar meus conhecimentos sobre essa Doutrina da qual tenho vaga noção. O tema reencarnação, abordado com tanta propriedade pelo senhor, fascinou-me, deixando apenas algumas dúvidas que gostaria, se possível, de esclarecer.

Encorajado pelo sorriso amistoso de Timóteo, Alberto continuou:

– Inquestionavelmente, não podemos duvidar da Justiça e da Bondade do Criador com respeito aos seus desígnios. Todavia, como explicar os renascimentos de criaturas completamente alienados sem registrar, aparentemente qualquer indício de sensibilidade? Qual o proveito para essas almas, vivendo completamente alienadas, sem capacidade para discernir e avaliar o momento atual?

Timóteo, percebendo que Alberto estava engatilhando outras perguntas, interrompeu aquilo que seria uma enxurrada de perquirições, para dizer:

– Vamos devagar meu caro, terás tempo de ler e estudar os livros da Codificação sobre assuntos dessa natureza e de tantos outros não menos importantes para o seu interesse espiritual. Não poderia em tão pouco tempo elucidá-lo sobre todos os pontos que esfervilham em sua mente. Noto que sua ânsia de saber é sincera. A curiosidade sadia faz parte do aprendizado. Recomendo-lhe, por isso, o estudo metódico e continuado da Doutrina Espírita, a começar pelo *O Livro dos Espíritos.* Respondendo à sua pergunta, devo porém dizer-lhe que esses renascimentos a que você se refere têm por finalidade atenuar o sofrimento dos Espíritos no Mundo Espiritual.

– Como assim? – retrucou o interessado.

– Explico-me melhor – respondeu-lhe Timóteo. – Aqueles que desencarnaram levando na consciência as reminiscências dos crimes perpetrados, ou que foram vítimas de si mesmos praticando o suicídio, despertam no Mundo Espiritual acometidos de desespero cruel.

O grau de culpabilidade define o sofrimento, uma vez que, de consciência desperta, avaliam a extensão dos erros cometidos e, quando alcançados pelo remorso destruidor, quase sempre, não encontram forças para reagir e reparar suas faltas, entrando num processo de loucura que somente a reencarnação é capaz de suavizar. Outros são perseguidos implacavelmente pelos sentimentos de vingança, escravizados e seviciados por seus desafetos, que lhes subtraem as forças vitais até à exaustão, nos temidos processos de vampirização. Alguns chegam mesmo a perder temporariamente a forma, assumindo figuras animalescas, face à hipnose das entidades cruéis. Dessa forma, supervisionados pelas Entidades Benfeitoras, submetem-se às reencarnações expiatórias que, embora dolorosas, são verdadeiros refrigérios para suas almas doridas. O renascimento, nessas circunstâncias, propicia-lhes tréguas temporárias, apagando as lembranças vivas do passado tormentoso, guardando apenas o sofrimento atual imposto pelo corpo-prisão. Tal finalidade objetiva educar o espírito culpado e absolvê-lo paulatinamente dos erros perpetrados no passado. Assim, o novo corpo funciona qual efeito mata-borrão, absorvendo os desequilíbrios do espírito durante a sua formação.Quando libertado novamente pelo fenômeno da morte, mais propriamente denominado pela Doutrina Espírita de desencarnação, volve para o Mundo Espiritual, retornando agora em melhores condições. As reencarnações se repetem num número infindável de vezes, isto é, quantas sejam necessárias para o espírito atingir o estágio da perfeição.

Alberto estava maravilhado com as elucidações de Timóteo. Gostaria de ouvi-lo por muito mais tempo, mas a hora avançada e as pessoas que ainda precisavam ser atendidas, impediam-no de prolongar a proveitosa conversação. Despediu-se agradecido, prometendo, para consigo mesmo, engajar-se nos estudos aprofundados do Espiritismo cristão. Descortinava-se agora, para a sua alma feliz, a concepção de um mundo novo e desconhecido que necessitava explorar.

CAPÍTULO XVIII

O INTERESSE PELA DOUTRINA

Antes de voltar para casa, Alberto foi apresentado ao coordenador da reunião dos estudos da Mocidade.

Desejava agora, mais do que nunca, engajar- se nos trabalhos da Casa, particularmente das atividades assistenciais que os jovens desenvolviam junto ao Hospital do Fogo Selvagem.

– Seria interessante – disse Rogério, o coordenador do programa –, que você se adaptasse à convivência com os jovens da Casa antes de excursionar, já no próximo domingo, em visita ao hospital. Não sei se o amigo teria, de imediato, disposição para enfrentar o drama dos nossos irmãos acometidos de enfermidade grave.

– A não ser que seja norma da Casa – atalhou o rapaz –, gostaria de poder participar o mais breve possível desses trabalhos, que muito interesse me despertaram.

– Pois bem – concluiu Rogério – já no próximo sábado serás apresentado aos demais colegas da

Mocidade e, após os estudos e comentários de praxe, providenciaremos sua integração na equipe responsável pela visita do domingo.

Entre emocionado e agradecido, Alberto despediu-se de Rogério, prometendo voltar no dia combinado. Ao retornar para o lar, Rolando parecia o mais feliz de todos. Já em casa, confidenciou à esposa o motivo da sua esfuziante alegria.

– Minha cara Erotildes! Não somente estou feliz pela iniciação de Alberto, como também pelo fato de ter superado a bebida e despertado em nosso filho o interesse pela Doutrina Espírita. Some-se a tudo isso a sua dedicação, dando-me apoio durante esses anos todos, sem o que jamais teria superado os momentos mais difíceis e logrado alcançar a renovação. Erotildes, encabulada pelas observações elogiosas do marido, interrompeu-o delicadamente para dizer:

– Qual nada, Rolando. Cumpri tão somente o meu dever de esposa e mãe no lar que Jesus dignou-se abençoar-nos com a sua proteção. O mérito maior coube a você mesmo, que se dispôs sempre a lutar para vencer. O nosso Alberto segue agora os seus passos, matriculando-se na Seara de Jesus, junto aos jovens trabalhadores da Casa Espírita que freqüentamos. A força do exemplo, meu querido, teve o condão de despertar em nosso filho a sensibilidade religiosa, virtude muito escassa na juventude dos dias atuais.

Comovido com os comentários da esposa, Rolando encerrou a conversação, beijando-a afetuosamente, com reconhecida gratidão. Retornei à Instituição à qual estava ligado temporariamente para prestar serviços de colaboração. Apresentei-me ao

Instrutor, dando conta de tudo quanto observara nesse período de estudos e aprendizado de grande valia para mim. O Instrutor reuniu o Grupo, informando que o nosso tempo de estágio na crosta estava terminando. Era preciso retornar ao Recanto Fraterno, pequena Colônia Espiritual que nos abrigava desde nossa desencarnação.

Capítulo XIX

DE VOLTA À COLÔNIA

Mais tarde, fui convidado a freqüentar o Centro de Treinamento Assistencial, para monitoramento aos nossos irmãos da Crosta. A admissão de trabalhadores, nesse campo de atividade exigia disciplina férrea no cumprimento das regras estabelecidas, tais como discrição, boa vontade, tolerância e assiduidade para a execução das tarefas. Só então pude compreender que no Mundo Espiritual as organizações excedem às nossas expectativas de eficiência imaginadas na Terra. Entre outras faculdades, a minha capacidade de auscultação psíquica foi ampliada, valendo-me para isso dos estudos assíduos e continuados e das operações magnéticas que recebia em sessões especializadas, pelas mãos dos magnetizadores da Colônia, adestrados para esse mister. Depois de algum tempo, comecei a intercalar as minhas atividades entre a Colônia e as tarefas que começava a desenvolver, agora como trabalhador, na Crosta planetária. Foi assim que pude acompanhar os programas de trabalho da Instituição Espírita que Alberto e seus pais freqüentavam, não mais na condição de mero expectador. Além das tarefas espirituais do Centro, passei a integrar, como colaborador espiritual, a Equipe que visitava o hospital dos penfigosos, da qual Alberto também fazia parte. O tempo passava sem que nenhum acontecimento novo viesse quebrar a rotina dos trabalhos. Apenas Rolando, que já vinha apresentando alguma debilidade física, teve em dado momento a saúde agravada. De nada lhe valendo os cuidados da medicina convencional, veio a desencarnar, de certa forma preparado para o enfrentamento da realidade do mundo espiritual, face à convivência com os trabalhos espíritas realizados.

Erotildes, depois de alguns anos, trilhou o mesmo caminho em circunstâncias melhores, asseguradas pela posição espiritual que desfrutava em relação ao companheiro de jornada terrena. Não me foi possível acompanhar a trajetória desses espíritos, pois as minhas obrigações estavam circunscritas ao grupo de apoio que assistia aos nossos irmãos da Crosta.

Capítulo XX

CONVITE AO TRABALHO

Pela sua dedicação nos estudos da Doutrina Espírita e o interesse demonstrado nas atividades dos trabalhos assistenciais, Alberto foi convidado e aceitou um trabalho de direção numa das Coordenadorias do Departamento de Infância e Juventude da Casa. Numa manhã de domingo, quando visitava o hospital do Fogo Selvagem, chamou-lhe a atenção um paciente que se encontrava alojado numa das enfermarias, em estado bastante constrangedor. Caracterizado pela epiderme avermelhada, o pobre homem emitia lamentos de dor, comprometido com uma dura e cruel expiação. Alberto e os demais companheiros da Equipe aproximaram-se do amigo penitente para oferecer-lhe ajuda com os recursos da oração e do passe reconfortador. Ao que soubemos, Sertório vinha se submetendo a tratamento prolongado, vivendo agora o momento derradeiro do seu testemunho. A resignação já fazia parte do seu sofrimento, pois tinha consciência, pelos conhecimentos adquiridos na leitura dos livros espíritas, que os seus padecimentos eram de origem cármica de vidas passadas.

Por isso mesmo, durante os últimos anos, já acometido pela doença insidiosa, vinha se preparando gradativamente para a desencarnação, para dar prosseguimento, em renascimento futuro, ao seu processo de regeneração. Acompanhando do lado de cá o trabalho socorrista dos amigos encarnados, notei que eles emitiam energias luminosas, que o saturavam, equilibrando momentaneamente a debilidade física de Sertório, para sustentá-lo nas preciosas conversações, cuja finalidade era a de prepará-lo convenientemente para o momento supremo da desencarnação. Mais alguns minutos e o atendimento foi encerrado, propiciando enorme bem ao desencarnante. Sertório aguardou sereno a chegada da noite.

Após a retirada do Grupo, fomos convidados a permanecer no recinto do hospital. A Equipe Espiritual contava, além de mim, com a participação de outros auxiliares no monitoramento da delicada intervenção libertatória, a cargo de técnicos especializados do nosso plano, sob a supervisão do dedicado Instrutor. Aproveitamos a tarde, que prenunciava a chegada da noite, para fazermos nossas orações. Com surpresa, notei que outros Grupos socorristas, oriundos de outras Colônias Espirituais, chegavam também para trabalhos específicos na extensão de todo o hospital. Ao soar das dezoito horas, todos nós e os componentes dos demais Grupos, erguemo-nos em prece, como se batuta invisível do mundo espiritual coordenasse a cadência de nossas vibrações. Embora acostumado com belíssimos fenômenos proporcionados pela oração coletiva registrei, naquela noite memorável, algo diferente. Senti como se estivera sendo transportado para regiões sublimes do mais além, sem contudo desligar-me da ambiência psíquica do hospital.

Provavelmente, atendendo aos rogos de nossas preces, as emanações vibratórias dos espíritos superiores, vindas de esferas mais elevadas, propiciassem esse fenômeno de intraduzível beleza.Todo o espaço físico que delineava o hospital foi inundado de energia-luz que substituía, com vantagem, naquela hora crepuscular, a claridade solar. Entrementes, o Astro Rei despedia-se no horizonte, multicolorindo a paisagem divina de infinita beleza. Notei, embevecido, que os quartos também se inundavam de luz. As enfermarias pareciam merecer cuidados especiais, talvez pelo fato de abrigar os doentes terminais, como era o caso Sertório, sob os cuidados de nossa Equipe e cujo desenlace estava previsto para logo mais.

Era a primeira vez que participava de uma oração coletiva no ambiente de um hospital para atendimento de irmãos encarnados. Os efeitos da oração, observados sob a ótica espiritual, têm conotações que escapam à análise descritiva da linguagem humana. Mesmo depois de cessadas as preces,os efeitos de luz, de colorações diferentes, perduraram por muito tempo ainda, dando a impressão que se esmaeciam à medida em que as energias eram absorvidas pelos enfermos daquela Instituição. Logo após a oração, nosso Instrutor chamou-nos a atenção para algumas recomendações de ordem prática, que seriam de grande valia para o desempenho de nossa tarefa cooperativa na delicada operação de logo mais.

Capítulo XXI

A LIBERTAÇÃO DE SERTÓRIO

Passava da meia-noite quando o Instrutor convocou-nos para retornar à enfermaria. O estado geral de Sertório se agravara, inspirando maiores cuidados. Médicos e enfermeiros se desdobravam inutilmente, tentando controlar, com a ajuda de aparelhos, a dispnéia que avançava acelerada, desafiando o espírito de luta dos dedicados profissionais.

Nosso Instrutor postou-se ao lado de Sertório, convidando-nos à oração silenciosa. Logo após fez um sinal indicativo aos espíritos especializados na técnica da desencarnação, de que os trabalhos deveriam começar. A nossa participação era colaborar com a oração intercessória em favor de Sertório, para dar-lhe sustentação de paz e harmonia, facilitando o trabalho de desligamento dos operosos Benfeitores Espirituais. Apesar de participar pela primeira vez de intervenção tão delicada, senti, embora reconhecendo a pequenez e as limitações de minha alma, o quanto pude ser útil naquele momento solene, para a libertação de Sertório.

A intervenção transcorreu sem nenhuma dificuldade aparente. O conhecimento propiciado pela Doutrina Espírita no trato com os assuntos de vida eterna e o sofrimento do corpo físico, corroído pela moléstia insidiosa que o acometia desde longa data, contribuíram decisivamente para o êxito da operação. Mais alguns instantes e Sertório estava livre, embora inconsciente do seu novo estado no Mundo Espiritual.

Concluindo as intervenções mais complicadas, nosso Instrutor aguardou mais algumas horas para desligar definitivamente o Espírito, cortando o laço fluídico que o prendia ao corpo físico, retirando dele, com passes de dispersão, o que ainda lhe restava de energias vitais, acelerando assim o processo de cadaverização.

Finalmente, Sertório espírito foi retirado da câmara mortuária e levado a um hospital do Mundo Espiritual, nas proximidades da Crosta, onde receberia tratamento adequado para sua definitiva recuperação. O Instrutor Espiritual esclareceu que a providência era necessária, visto que a doença de efeito prolongado, quase sempre deixa marcas profundas no perispírito, que precisam ser tratadas. É claro, concluía ele, que o sofrimento resignado sempre contribui decisivamente para a rápida adaptação do espírito, ao novo mundo que vai habitar. Dando a entender que nosso trabalho já estava concluído, o Instrutor convidou-nos a retornar para a Colônia espiritual, onde ficaríamos aguardando instruções novas, sem deixar de cumprir os quefazeres sob nossa responsabilidade.

O tempo escoava rapidamente entre as minhas atividades na Crosta e na Colônia.

O calendário terreno tem pouco significado para

nós, onde o tempo é mensurado pelo Relógio da Eternidade. Um dia dei-me conta de que Rolando e Erotildes já haviam retornado há quase dez e onze anos respectivamente. Alberto estava se consorciando com uma companheira de Doutrina, elaborando projetos felizes para o futuro. De minha parte, adquiri grandes experiências trabalhando na crosta em atividades socorristas, sob a orientação e supervisão de competente Instrutor Espiritual. Notava, com o passar do tempo, que alguma coisa faltava ainda para completar a minha felicidade. Embora desempenhando tarefas de trabalhador, sentia-me, de vez em quando, intimamente descompensado, pelas lembranças que tentava apagar da minha memória, concernentes à última existência terrestre. Movido por essa inquietação, busquei certo dia, na intimidade, a orientação do bondoso e paciente Instrutor.

Depois de ouvir-me atentamente, sem interromper o curso das colocações, e percebendo que o depoimento traduzia o extravazamento de minha alma arrependida, considerou:

– Após longos anos de trabalho dedicado à causa do bem no socorro aos necessitados das duas esferas de ação, era de se esperar, de sua parte, uma pausa para as reflexões com vistas ao seu projeto futuro de regeneração. Como bem asseveram os Espíritos Benfeitores da Humanidade, a Lei de Deus está escrita na consciência (1), exigindo, dessa forma, de cada um de nós,mais cedo ou mais tarde a imperiosa necessidade da reparação. Chega sempre o instante em que o tribunal da consciência, qual vulcão adormecido, entra em erupção para vomitar das nossas

(1) *O Livro dos Espíritos,* pergunta 621.

entranhas todas as mazelas provocadas pela imprevidência do passado, acumuladas nos registros de nossas almas sem lograr esquecer.

O que sente, reflete a necessidade de reparar os excessos cometidos noutros tempos, contra o corpo físico, pelo uso indevido de drogas. Por isso, quero acreditar que é chegado o momento de retornar ao mundo das formas, pela reencarnação expiatória.

Senti naquele instante um misto de alegria e temor ao mesmo tempo. Alegria pela expectativa de êxito, ensejando ao meu Espírito a libertação definitiva. Temor pela eventualidade do fracasso e a necessidade do conseqüente recomeço em condições sempre mais penosas, pelo tormento moral da recaída. Registrando minhas preocupações íntimas, o Instrutor amigo concluiu:

– Fique tranqüilo, meu caro Fernando. Por tudo o que você fez e assimilou durante esse longo período de trabalho, suas possibilidades de êxito são enormes. Além do mais, não estará sozinho. Reencarnará num lar espírita, onde terá a oportunidade de trabalhar com os recursos da mediunidade, que estará à sua disposição como ferramenta de trabalho para sua regeneração. Iniciará amanhã mesmo, os primeiros contatos com o Setor competente, para movimentar-se nos preparativos para voltar à Terra.

Mais animado, embora sem dissimular preocupação, busquei nos recursos da prece asserenar o meu espírito, sobressaltado pelas reminiscências que afloravam, agora aos borbotões, dos porões de minha alma, exigindo reparação.

Capítulo XXII

A REENCARNAÇÃO DE FERNANDO

No dia seguinte, busquei ansioso as informações que me permitissem conhecer os futuros pais terrestres e as condições em que voltaria para a nova vida que me aguardava. Comecei a freqüentar o Centro de Informações e Esclarecimentos sobre reencarnação. Ali tomei conhecimento sobre as condições físicas em que retornaria na experiência terrestre. Renasceria, fui informado, com problemas no aparelho circulatório, que exigiriam múltiplos cuidados, obrigando-me a constante vigilância e disciplina no campo da emoção.

Isto se fazia necessário caso desejasse completar a existência física no prazo estabelecido de aproximadamente sessenta e dois anos. Voltaria suprido das energias vitais necessárias, impondo-me limites para viver uma vida regrada, longe das drogas que me levaram à desditosa desencarnação prematura na existência anterior. Aos poucos fui aprendendo e assimilando, com os técnicos do Instituto, a arte de enfrentar situações difíceis que inevitavelmente desafiariam minha existência futura. Depois de algum tempo, fui convidado pelo Instrutor a fazer as primeiras aproximações com meus futuros pais terrestres. Meus antigos pais continuavam ainda no Mundo Espiritual. Fui informado que minha mãe permanecia trabalhando nas esferas mais elevadas do nosso plano, porém, em permanentes contatos com as regiões mais baixas, intercedendo sempre em meu favor.

Objetivando a minha reabilitação espiritual, participou inclusive da elaboração do meu programa existencial. Meu pai trabalhava agora com a possibilidade de reerguer-se, talvez motivado pela esperança de rever e reaproximar-se de minha mãe.

A minha reencarnação, em outro reduto doméstico, tinha como objetivo a reeducação do espírito rebelde que outrora havia abusado do carinho excessivo recebido da extremada mãe. O lar espírita e a mediunidade de que seria portador, refletiam bem a Misericórdia de Deus no atendimento das minhas necessidades para o resgate das dívidas contraídas anteriormente.

Surpreso, também fui informado de que volveria à Terra pelos braços de Alberto e Cristina. A notícia levou-me às lágrimas; só então pude compreender por que aquele jovem, que eu acompanhava mesmo antes da sua iniciação no Espiritismo, despertou-me laços de afetividade e apreço até então inexplicáveis para mim.

Anunciando a primeira visita para a semana próxima, o Instrutor encorajou-me quanto à necessidade de adaptações, na medida em que elas se fizessem mais amiúde, ajustando-me paulatinamente ao psiquismo do casal, agora na condição de futuro filho, preparando assim o clima ideal para iniciar meu processo de ligação perispiritual, no momento oportuno da concepção. As descompensações vibratórias que eu ainda registrava nas regiões perispirituais mais afetadas, em conseqüência da overdose que me roubara a vida prematuramente imprimiriam, no corpo em formação, deformidades estruturais que a medicina convencional costuma classificar de doenças congênitas. Um torpor foi tomando conta de minha alma e não me recordo dos momentos finais que antecederam a definitiva ligação.

Perdia aos poucos a consciência de mim mesmo, para iniciar a promissora viagem de volta, renascendo no mundo, como todas as almas criadas por Deus, sob o signo da Esperança.

Capítulo XXIII

A INFÂNCIA E A MOCIDADE

Durante a primeira infância exigi cuidados especiais dos meus pais.

Nessas condições fui crescendo, beneficiando-me do lar espírita, onde se praticava com regularidade o culto do Evangelho no Lar.

A saúde física, comprometida desde o berço pela herança cármica do passado distante, impedia-me dos folguedos naturais de uma criança saudável. Para meu desespero e dos meus dedicados pais, o consultório médico era visitado com regularidade; os períodos sucessivos de internações se faziam necessários para aliviar as crises dispnéicas de que quase sempre era acometido.

O quadro parecia agravar-se cada vez mais, à medida que me aproximava da puberdade. Muito mais tarde pude saber, já como espírito redimido de volta ao plano espiritual, que o período das crises mais agudas coincidia, aproximadamente, com a idade cronológica, à época em que na existência anterior desencarnara vitimado pela overdose.

Contava agora com dezessete anos de idade e me preparava com afinco para ingressar na Faculdade, quando violenta crise financeira abateu-se sobre nosso lar.

Meu pai adoeceu gravemente, ficando impossibilitado de trabalhar.

Por sua vez, minha mãe era obrigada a trabalhar fora para sustentar-nos com o necessário e ainda com a compra dos remédios meus e de meu pai.

Nessas condições, fui obrigado a interromper os estudos para trabalhar, pois a saúde precária impedia-me de exercer as duas atividades simultaneamente.

Foi nessa ocasião que conheci um rapaz franzino, sardento e esguio, aparentando os seus dezenove anos de idade. Ele freqüentava a mesma lanchonete onde procurava fazer as minhas refeições.

No início, as conversações giravam em torno do cotidiano. Nada que pudesse denotar desconfiança quanto à sua postura comportamental.

Sem me dar conta fui expondo, como desabafo, minhas problemáticas íntimas. A saúde física, as dificuldades financeiras no lar, a enfermidade do meu pai, os sacrifícios de minha mãe, enfim, tudo quanto possa caracterizar uma alma desditosa. Apesar da mediunidade e das orientações cristãs que recebia no lar e na Instituição Espírita que freqüentava, descuidei-me da vigilância, dando ensejo a que o amigo me fizesse um convite para visitá-lo no reduto de suas amizades. Marcamos um encontro para um final de semana e lá compareci, já à noitinha, no horário combinado.

Era um local de pouca iluminação, que me

causava arrepios pelo teor das vibrações que pairavam no ar. Espantadíssimo, aguardei temeroso a presença do companheiro que não demorou a chegar.

Mais aliviado, fui logo perguntado:

– Até que enfim; já estava ficando preocupado! Afinal, onde será a festa?

– Fique frio, meu amigo, já já você vai saber de tudo. É uma festa surpresa. Você vai gostar, aguarde.

E tomando-me pelo braço, esgueiramo-nos por entre uma viela e outra, escuras, indo desembocar numa clareira no meio de casas mal construídas e inacabadas. Ali já se encontrava uma pequena multidão, num galpão improvisado para festas de embalo.

Entre surpreendido e admirado com o que via à minha frente, instintivamente estanquei os meus passos ensaiando retornar, no que fui impedido delicadamente pelo companheiro, que argumentou inteligentemente:

– Tenha calma, Fernando. Você precisa conhecer na intimidade os meus amigos. Embora o ambiente pareça constrangedor, a festa lhe fará enorme bem por desanuviar-lhe das preocupações excessivas que o vêm acometendo ultimamente.

Mais sereno, cedi às suas argumentações, entrando no salão em sua companhia. Celso era sobejamente conhecido de todos pela alcunha de Aranha.

Mais tarde fiquei sabendo que o apelido lhe fora atribuído pela facilidade de envolver as pessoas incautas, em sua teia de persuasão.

Começou a apresentar-me os seus amigos mais chegados do seu círculo de relação. Ao som de música estridente, entre as baforadas de tabaco e as beberagens etílicas, as pessoas agitavam-se num tresloucado frenesi de alucinação desenfreada.

Cacilda, moça jovem e bonita, morena, olhos negros e cabelos longos, impressionou-me pelos seus dotes físicos de rara beleza.

Confesso que me distraí, hipnotizado pelo seu encanto, despreocupando-me por completo do burburinho reinante. Percebendo a situação, Celso desculpou-se pedindo licença para ausentar-se por alguns instantes, alegando problemas de resolução urgente, deixando-nos propositalmente à vontade para confabulações íntimas.

Sem me dar conta, fui envolvido pelo clima ambiente, entrando rápido na sintonia de Cacilda que, entre uma carícia e outra, seduziu-me a bebermos juntos várias doses de uísque.

Notando a minha ansiedade, a menina, com seu jeito matreiro, procurou tranqüilizar-me.

– Não se preocupe meu querido, por ordem do Aranha, a despesa hoje fica por conta da Casa. Podemos nos divertir à vontade. Vamos aproveitar a noite da melhor maneira possível.

Dizendo isso, retirou de sua bolsa, sem nenhuma cerimônia, um papelote de cocaína, esparramando pequena porção sobre o espelho que utilizava para retocar a maquiagem, aspirando em seguida o pó maldito e ofertando-me por sua vez.

Inebriado pelo álcool, não foi difícil para Cacilda convencer-me a fazê-lo também.

A última coisa de que me lembro foi de um zumbido surdo, seguido de tontura, violentíssima. A impressão era a de estar sendo tragado por violento redemoinho que não chegava ao fim. Depois desmaiei e por longo tempo ouvi vozes irreconhecíveis e desconexas, que meu cérebro registrava qual turbilhão provocado por uma avalanche de grandes proporções.

Finalmente acordei no leito de um hospital, cercado por médicos e familiares aflitos, mas admirados pela minha milagrosa recuperação.

Capítulo XXIV

ESCLARECIMENTOS OPORTUNOS

Ainda sentindo um mal-estar profundo, provocado pelas intoxicações da droga, cobrei ânimo e perguntei:

– Onde estou?

Todos se entreolharam, como que buscando entre si alguém que tomasse a iniciativa da palavra.

Coube ao Dr. Oswaldo quebrar o silêncio provocado pela minha indagação, para responder, elucidando-me:

– Você está se recuperando de uma grave perda de consciência provocada por um problema respiratório que o acometeu, em conseqüência da ingestão de bebida alcoólica, provavelmente adicionada a outra substância tóxica que por pouco não o levou à morte.

Talvez motivado por um mecanismo de fuga, acionado pelo arquivo do meu inconsciente, não fiz questão de registrar o restante das informações. Permaneci no hospital por mais alguns dias para complementação do tratamento e alta respectivos.

Durante os dias que se seguiram à minha recuperação, recebi visitas de muitos amigos da Casa Espírita, emprestando-me solidariedade inestimável.

Jamais tocavam no assunto para criticar a minha invigilância.

Assistiam-me com a oração e o passe reconfortante, consolando-me, sem contudo enveredar pelo terreno da afetação, o que fazia aumentar ainda mais a minha vergonha e a necessidade de recuperação.

Talvez, se fosse admoestado, a minha dor não tivesse tamanha dimensão.

Via naqueles companheiros a tábua da salvação, acenando com a possibilidade de reerguer-me novamente.

Mais animado, saí do hospital para reiniciar as atividades normais do trabalho e da Casa Espírita que tanto amava.

Não pude compreender como tudo isso aconteceu, pois orientado pelos meus pais, desde muito cedo cultivei o hábito de estudar o Espiritismo, sendo apontado no Centro como um amante da Doutrina.Todavia, somente depois de muito tempo e já totalmente recuperado, fui encaminhado para a reunião mediúnica, onde deveria colaborar, com os recursos da mediunidade aflorada, em favor de nossos irmãos desencarnados, na tarefa socorrista do intercâmbio mediúnico. O trabalho exigia sacrifícios de minha parte, pois além da saúde precária, tinha que conciliar os meus afazeres espirituais com as obrigações dos estudos e do trabalho profissional a que me vinculava.

Capítulo XXV

REFLEXÕES E VOLTA AO PASSADO

Desde aquele acontecimento infrutuoso, passei a repensar a minha vida. Com dezenove anos de idade, ainda não ganhava o suficiente para sustentar-me e oferecer ajuda aos meus pais, que atravessavam um período de grande dificuldade financeira, agravado pela enfermidade do meu bondoso pai.

Foi aí que iniciei uma fase de reflexão mais profunda, que mais tarde iria contribuir decisivamente para o êxito das minhas atividades espirituais.

Apliquei-me nos estudos sistematizados do Espiritismo, buscando encontrar as razões que me levaram à queda espetacular.

Certo dia, depois da reunião de estudos da Mocidade, procurei meu orientador e expus com sinceridade as minhas inquietações. Como compatibilizar a prática da vivência espírita com o mundo de relação?

Após ouvir-me atentamente, ele esboçou um sorriso disfarçado e falou sem afetação:

– Fernando, meu filho! Somos "escravos do passado e senhores do futuro pelas ações positivas do presente". As tendências são os reflexos condicionados no passado e que, frente aos estímulos respectivos, eclodem no presente; por essa razão, o "conhece-te a ti mesmo" favorece o mergulho introspectivo da alma nas vivências passadas, possibilitando trabalharmos com os problemas presentes. Aceitá-los ou rejeitá-los é questão de foro íntimo, face ao livre-arbítrio de cada um. Já dizia o apóstolo Paulo "tudo me é lícito, mas nem tudo me convém". O que ocorreu com você precisa ser estudado e trabalhado como experiência de vida, que não mais deve se repetir. É oportuno ainda considerar que nem tudo está perdido; a sua dedicação aos trabalhos de nossa Casa Espírita, em prol dos menos favorecidos, é crédito em seu favor. O deslize, num momento de invigilância, não deve ser motivo de desânimo para bloquear o seu anseio de ascensão. Não desejamos com isso justificar a atitude do companheiro que, por certo, colhe agora os frutos amargos da própria irreflexão. No entanto, é preciso não perder de vista os compromissos assumidos com Jesus; onde quer que estejamos, deveremos atuar de conformidade com as nossas possibilidades de ação. Procure, doravante, trabalhar nesse sentido e não desprezes a oportunidade de ajuda ao infeliz irmão, quando lhe ensejar ocasião. Confie em Jesus e não se deixe abater pelo desânimo. Reerga-se e continue a passos firmes buscando, sem esmorecimento, a sua harmonização.

Calou-se o bondoso amigo, aguardando talvez o meu pronunciamento.

Entretanto, sem nada dizer, agradeci comovido as palavras de incentivo do querido instrutor.

Os dias que se seguiram foram de muito trabalho e reflexão.

Engajei-me o mais que pude nos trabalhos assistenciais daquele reduto de amor, com o propósito de refrigerar a minha alma comburida no remorso desolador.Dessa forma, à medida que o tempo passava, não só esquecia o infaustuoso episódio, como também tomava gosto, cada vez mais, pelo trabalho socorrista em favor dos irmãos menos afortunados.

As noites já não eram mal dormidas e os pesadelos agora cederam lugar ao sono reparador.

Certa feita, ao recolher-me ao leito após as orações, adormeci e sonhei que me encontrava numa região nevoenta do mundo espiritual.

Apesar de estranho, o local me parecia familiar, pois registrava a sensação de ali já haver estado em circunstâncias desagradáveis que, instintivamente, fazia questão de não recordar.

Amparado pelo meu protetor, visitei as furnas de sofrimento, onde as dores indescritíveis costumam despertar as almas endurecidas na indiferença do desamor.

Percorrendo as vielas escuras daquele sítio de dor, as reminiscências, embora relutasse, se faziam cada vez mais vivas, levando-me ao desfalecimento e à exaustão.

Socorrido pelo Benfeitor Amigo, arremeti-me aos detalhes do meu resgate, que nem a esponja do tempo logrou apagar da minha memória para incremento dos meus superlativos padecimentos.

Antes de retornar ao corpo físico, já em casa, fui

preparado para receber a visita de minha mãe. Aquietei- me e aguardei ansioso a presença materna.

Não demorou muito e ali estava ela, para alegria do meu coração.

Surpreso, notei-a com o semblante triste, sem a aparência alegre que irradiava nos dias que antecederam minha reencarnação.

Sem dizer palavra, esperei que falasse.

Ao cabo de alguns instantes, depois de fitar-me demoradamente e valendo-se do meu natural constrangimento pelos últimos acontecimentos que venho de relatar, observou:

– Fernando, meu filho, até quando claudicará pelos caminhos da desventura? Será crível que o estágio nas zonas inferiores e o aproveitamento depois como cooperador da Colônia Recanto Fraterno junto aos irmãos encarnados, não foram suficientes para forrar-lhe contra as tentações que surpreendem as almas distraídas na irresponsabilidade da irreflexão?

Lembre-se, querido meu, que renasceu num lar espírita, honrado sob todos os aspectos e edificado no mais puro sentimento de amor cristão. Os pais que o acolheram com alegria, são hoje credores de nossa perene gratidão.

Valho-me desta oportunidade, mercê da Misericórdia Divina, para falar-lhe diretamente ao coração, relembrando os compromissos assumidos, quando juntos elaborávamos o projeto da sua esperançosa encarnação.

O tempo urge e não podemos malbaratá-lo novamente, a exemplo do aluno displicente que se compraz na repetência.

Ouvia envergonhado as observações de minha querida mãe. Aproveitei-me do intervalo curto, e dei asas à imaginação. Talvez percebendo isso, aguardou por mais alguns instantes, para retomar o curso das conversações.

Nesse ínterim, recordei-me de Celso, o amigo que me seduzira naquela oportunidade infeliz. Como espírito, compreendia agora a chave do enigma. O arrastamento quase irresistível tinha portanto a sua explicação. Por outro lado, não era hoje detentor dos conhecimentos espíritas, capaz de anular as tendências adormecidas nos escaninhos de minha alma sofrida? Antes que pudesse me perder nos labirintos das indagações silenciosas, minha mãe, como que lendo na tela do meu pensamento as imagens vivas que não podia ocultar, continuou:

– O Senhor nos coloca sempre no lugar certo, de conformidade com nosso programa de ação. A prova é sempre necessária para avaliar o progresso já realizado ou ainda por fazer. Observe que somente aos dezessete anos de idade você foi chamado ao testemunho. Antes mesmo de renascer passou por um intenso exercício de adestramento, saindo da Colônia na condição de trabalhador. O lar espírita, edificado por companheiros dedicados, preparou-o durante todo esse longo período, apostando nas suas possibilidades de êxito. Ninguém renasce predestinado ao erro ou fadado ao fracasso. O companheiro que você evoca na tela da imaginação é credor do seu respeito, exigindo compreensão. Quem teria maior responsabilidade perante Deus? Ele, que não teve a sua oportunidade no trato com assuntos de vida eterna, ou você, que desde o berço vem gozando desse "privilégio"? A sua aproximação do infortunado Celso não ocorreu por mero acaso. Por isso mesmo, não o despreze, imputando-lhe o seu fracasso que, com coragem e determinação poderia ter evitado. O mal é a ausência do bem, portanto, não tem consistência própria.

Dizendo isto, calou-se, esperando por minha reação.

Sem nada dizer e sob o efeito de forte emoção, não pude evitar as lágrimas, temendo por nova recaída levado pela paixão.

Tentei justificar-me, alegando predisposição, exacerbada pelo ambiente de loucura ao qual não pude resistir e concluí:

– Como conciliar a vivência espírita, quando em confronto com situações como esta ? Não seria mais prudente afastar-me definitivamente do companheiro que vem se comportando de maneira irregular ?

E, concluindo, narrei com ênfase:

– Após aquele desditoso acontecimento e talvez percebendo a minha fragilidade, convidou-me, sem rodeios, para um contato mais direto com os demais elementos do grupo. Só então fiquei sabendo que o amigo fazia parte de uma gangue que controlava o tráfico e a distribuição de drogas da periferia. Estarrecido, não pude disfarçar o meu desapontamento pela conduta do rapaz.

O apelido de Aranha era o seu nome de guerra no bando que integrava.

Educado e polido, jamais poderia imaginar o seu envolvimento no mundo da criminalidade.

Apesar do meu natural constrangimento, Celso insistiu delicadamente, argumentando que todos os problemas financeiros por que passava minha família poderiam ser resolvidos.

Conhecendo a minha personalidade informou que o trabalho se desenvolveria longe das áreas de conflitos com bandos rivais.

Ficaria encarregado dos registros contábeis da organização, gerenciando o fluxo de entrada e saída das mercadorias. Por se tratar de assunto sigiloso e ilegal, teria que trabalhar no reduto do crime, local fortemente protegido e cognominado ironicamente de Fortaleza de Paz.

Talvez, se não tivesse o respaldo que o conhecimento da Doutrina Espírita proporciona aos estudiosos do assunto, por certo teria sucumbido aos seus apelos sedutores.

Então como proceder?

Serenamente, sem deixar-se perturbar pelo meu depoimento, esclareceu-me bondosamente:

– O verdadeiro cristão há que dar o seu testemunho de fidelidade a Jesus onde quer que se encontre. Todavia, precisamos agir com discernimento, selecionando os locais e as companhias de nossa preferência. O afastamento puro e simples de Celso o impossibilitará de prestar-lhe valiosa ajuda.

A prudência recomenda que o auxilie, à distância, sem a necessidade de conivência ou um convívio mais estreito. Trabalhe o seu lado bom, observe e espere aguardando o resultado. Se notar irredutibilidade no companheiro, recomenda o bom senso que se afaste, continuando a auxiliá-lo, à distância, com os recursos da oração intercessória, sempre valiosa sob quaisquer circunstâncias. Há que considerarmos ainda, a força do bom exemplo, sempre contagiante por aquele que observa.

E arrematando, considerou:

– Roguemos a Jesus, o mestre incomparável de todos nós, a coragem, o bom ânimo e a determinação, para que, ao retornar ao corpo físico que lhe serve de precioso instrumento de purificação na presente existência, não se lhe apague de todo as reminiscências desse encontro inolvidável que me felicita o coração.

Terminando, minha mãe começou a orar, enquanto, embalado por doces vibrações, despertei no corpo físico sob o efeito de agradável sensação de paz.

Capítulo XXVI

NOVAS EXPERIÊNCIAS

Os dias que se seguiram foram de tranqüilidade.

Após a minha recusa sistemática, Celso já não mais insistia com veemência.

Começou a interessar-se pelos assuntos relacionados com o Espiritismo, pois sempre que surgia oportunidade, eu aproveitava para falar sobre a Doutrina Espírita, tecendo considerações sobre conceitos de vida eterna.

A Lei de Causa e Efeito foi um tema que procurei explorar com riqueza de detalhes. Falei muito, também, sobre a Pluralidade das Existências, ou seja, a Reencarnação à luz da Justiça Divina. Também não faltaram as informações sobre noções de Céu e Inferno e a oportunidade que a Misericórdia de Deus enseja às almas arrependidas que sinceramente desejam regenerar-se.

O tempo passava quando, certo dia, a saúde de meu pai se agravou, sendo recolhido às pressas no hospital, já em estado crítico de difícil solução, vindo a desencarnar dois dias após sua internação.

É interessante notar que a doença e a proximidade da morte têm o condão de aproximar mais as pessoas, impelidas talvez pelo cadinho do sofrimento.

Celso compareceu ao velório, demonstrando solidariedade e, pela primeira vez, manifestou interesse em conhecer a Instituição que eu freqüentava.

Marcamos a visita para um domingo que coincidisse com nossa ida ao Hospital dos Penfigosos.

A decisão, de minha parte, tinha o propósito de tocar a sua sensibilidade, uma vez que a Doutrina já vinha lhe despertando grande interesse.

No dia aprazado, demandamos o Centro Espírita para a reunião preparativa que antecederia nossa visita.

Apresentando-o aos demais componentes do grupo, assumi a responsabilidade de levá-lo como meu convidado.

Durante o trajeto, a caminho do hospital, notei sua descontração, integrando-se aos demais companheiros sem nenhuma dificuldade aparente.

Ao chegarmos, as equipes, como de costume, foram distribuídas para o atendimento da fluidoterapia, junto às enfermarias diversas.

Ao nosso grupo coube assistir a Ala Feminina, num Setor de casos menos graves.

Começamos o nosso trabalho, evocando a assistência de Jesus, através de prece proferida por uma simpática jovem integrante da equipe da Mocidade Espírita de nossa Instituição.

Verônica, era o seu nome, tinha a fala mansa e cadenciada que, aliada às vibrações de sua prece, sensibilizou-nos a todos, em particular o estreante Celso.

Visitamos todos os pacientes e, quando nos preparávamos para atender a última fileira de leitos, próxima à porta de saída, fomos agradavelmente surpreendidos por uma senhora que, muito à vontade, interpelou-me descontraidamente, talvez pelo fato de já me conhecer das visitas anteriores.

Após fixar o olhar em direção a Celso, voltou-se novamente para mim, perguntando:

– Então é este o amigo sobre o qual tanto me tem falado ultimamente? Vejo que conseguiu trazê-lo ao nosso hospital e espero que não tenha ficado muito impressionado com a nossa enfermidade.

Celso olhou-me com expressão de espanto.

Antes que eu pudesse entabular explicações, a senhora continuou:

– Desculpe, meu amigo, mas não pude conter a emoção. Desde algum tempo, Fernando vem conversando comigo a seu respeito, dando conta do seu nobre esforço em esclarecer-se à luz do Espiritismo Cristão. Às vezes fica mais fácil compreender a verdadeira finalidade da vida quando o caudal de sofrimento visita a nossa intimidade, como no meu caso, por exemplo. O catre da dor costuma facilitar a análise introspectiva, para as grandes reflexões. Nesse sentido, vejo-me na condição de beneficiária da

Misericórdia Divina. Congratulo-me com você pela decisão feliz de visitar-nos, trazendo a sua solidariedade.

Celso, que já estava impressionado com o nosso trabalho no hospital, sensibilizou-se de vez.

Notei na sua expressão uma satisfação incontida que o levou a dizer:

– Estou muito feliz em poder ser útil, de alguma forma, nessa primeira experiência de trabalho num hospital. Agradeço as palavras generosas da querida irmã, que me servem de estímulo para a continuidade deste meu trabalho iniciante, embora reconheça as limitações das minhas possibilidades nesse campo de ação.

Aproveitei a pausa do diálogo para demonstrar contentamento pelo encontro oportuno, convidando os demais companheiros do grupo para finalizar as atividades de atendimento, solicitando à Verônica para fazer a prece de encerramento.

No caminho de volta, Celso demonstrava vivo interesse em freqüentar regularmente nossa Instituição, interessando-se mais pelo estudo da Doutrina Espírita.

Não foi difícil engajá-lo na reunião de estudos, à qual adaptou-se com facilidade.

À medida que o tempo passava, mais se lhe despertava o interesse pela Doutrina.

A lembrança daquela noite fatídica, recuada no tempo, apagava-se aos poucos da minha memória.

As atividades no trabalho do bem faziam-me esquecer aquela experiência amarga que quase me levou a perder a atual existência. O tempo corria celeremente e as nossas amizades, fortalecidas pelo ideal espírita, se estreitavam cada vez mais.

Depois de algum tempo, Celso abandonou de vez o antro que freqüentava; enamorou-se de Verônica, sendo por ela correspondido nas suas intenções de consorciar-se.

A união consumou-se depois de algum tempo, fortalecendo-me a idéia de um dia fundarmos, em conjunto, um Núcleo de Assistência para a recuperação de drogados. A experiência, com base na recuperação do companheiro, facilitaria a implantação do Projeto que havia tempo me vinha sendo inspirado.

Capítulo XXVII

ATIVIDADES MEDIÚNICAS

Depois de muita luta, consegui concluir o Curso Universitário. Podia, agora, dedicar-me mais intensamente na tarefa socorrista da mediunidade, praticada semanalmente em nossa Instituição. Apesar da vidência facilitar-me a identificação dos Espíritos que ali aportavam, essa prática não era recomendada pela Direção dos trabalhos. Alegava-se que o fato poderia levar os médiuns à indução do animismo, por nem sempre estarem sintonizados com os espíritos comunicantes.

Todavia, vale ressalvar que muitas Instituições respeitáveis adotam com sucesso essa metodologia, mormente quando existe boa sintonia entre o esclarecedor e o médium vidente. Não era o nosso caso, pois eu ali exercia também a psicofonia, com maior proveito e utilidade. A despeito disso, o Dirigente recorria algumas vezes à minha clarividência para o esclarecimento de alguns casos quando necessários. Mais tarde pude perceber, particularmente para mim, as vantagens desse sistema, pois um fenômeno diferente envolvia-me durante as comunicações recebidas psicofonicamente.

Ao final de cada reunião, durante a avaliação, eu podia, com liberdade, descrever como tinha sido o desenrolar dos trabalhos, tendo a oportunidade de "checar" com os médiuns o que tinha visto, com o que eles haviam registrado durante o transe mediúnico.

Os depoimentos dos espíritos sofredores eram marcados por imagens vivas de dor, que eu registrava sem dificuldades, favorecido pelos recursos da clarividência.

Quando as circunstâncias me favoreciam, ajudava essas pobres almas a decodificar as visões dantescas, grafadas na própria consciência pelo remorso desestruturador. Adequava-as com os recursos da psicofonia, à linguagem e compreensão humanas, facilitando assim o trabalho da doutrinação. Esses "depoimentos vivos", dos que partiram da Terra em condições adversas com os ditames da Lei de Deus remetem, aos que ficaram na experiência física, às graves reflexões quanto ao melhor aproveitamento da sua existência carnal. Conforme o transe, sentia terrível mal-estar, pois além da visão, identificava-me, como a maioria dos médiuns, com sensações de tristeza e dor, ódio e vingança, indiferença e tudo quanto pode caracterizar um espírito perturbado, necessitado de ajuda.

Nesse particular, certa vez, registrei a presença de uma entidade que exalava odor fétido de cadáver em decomposição.

Buscava alívio no Grupo de socorro para as suas dores infindáveis.

Vítima da droga da qual não conseguia libertar-se, resolveu, num momento de loucura, optar pelo suicídio, ingerindo alta dose de corrosivo, acreditando, ingenuamente, pôr termo aos seus superlativos padecimentos. Entretanto, cedo reconheceu o terrível engano ao se defrontar com a vida além da morte.

Ao registrar o desespero do espírito comunicante, o Doutrinador concitou-o à oração, o que lhe proporcionou enorme bem e alívio ao coração.

À medida que o esclarecedor orava, envolvendo a entidade sofredora, os Benfeitores de nosso plano aplicavam recursos energéticos, aproveitando-se do campo magnético do médium em atividade socorrista.

Notava, admirado, que as energias fluídicas do plano espiritual obedeciam à vontade dirigida do mentor, atingindo, via perispírito do médium incorporado, as zonas mais comprometidas do espírito comunicante, principalmente o esôfago e a região gástrica, onde os efeitos do corrosivo haviam feito maiores estragos no corpo físico do suicida, com reflexos nos órgãos perispirituais correspondentes.

Depois de desligado do médium, sob o efeito do sono reparador, o espírito do suicida foi levado para a complementação do atendimento em região espiritual adequada a esse tipo de tratamento. Ao que fui posteriormente informado, tratava-se de um Centro especializado em delicadas intervenções magnéticas nas estruturas perispirituais de suicidas. Após os primeiros socorros, eram encaminhados para tratamento psicológico, à luz do Evangelho de Jesus, em vias de preparação para novas experiências corporais na Terra.

O suicídio é um ato tresloucado de gravíssimas

conseqüências na economia espiritual de quem se aventura a romper o fio da vida irresponsavelmente.

Muitos espíritos foram amparados nessas circunstâncias, favorecidos pela mediunidade socorrista, fazendo-me notar, com o passar do tempo, que tinha compromissos nessa área de atividade, confirmando assim as intuições que ultimamente vinham aflorando em minha mente.

O fato de ser espírita, trabalhando com os jovens desde muito cedo, fazia-me credor de respeito nesse movediço terreno das drogas, onde muitas criaturas imprevidentes, tais como eu no passado distante, tinham sucumbido irremediavelmente.

Capítulo XXVIII

O NÚCLEO DE RECUPERAÇÃO

Acalentado por esse ideal, resolvemos então fundar o Núcleo de Assistência para a recuperação de drogados.

Para fazer frente ao tratamento eficaz dos dependentes químicos, contratamos uma equipe de profissionais altamente especializada, que trabalharia integrada com a equipe espírita, selecionada dentre os trabalhadores da nossa Casa. Celso e Verônica, evidentemente, faziam parte dos companheiros escolhidos. Era difícil manter o Núcleo funcionando em condições ideais; os recursos escasseavam e nem todos tinham condições de colaborar financeiramente. A maioria dos que ali chegavam, para tratamento, procediam das camadas mais pobres da população. O Núcleo de Recuperação era uma extensão das atividades do Departamento Assistencial de nossa Instituição, mantido por ela, com os recursos do nosso quadro associativo, de doações e campanhas junto à Comunidade local. Os recursos oficiais eram escassos, exigindo de todos nós trabalho gigantesco para mantermos um padrão mínimo de atendimento com expectativas de sucesso.

O tratamento em regime de internato, somente ocorria com a anuência do interessado, mandato judicial ou autorização da família no caso de menoridade. Os recém-viciados, quase sempre recebiam o tratamento ambulatorial. Em ambos os casos, a equipe espírita colaborava decisivamente, atendendo individual e semanalmente os pacientes e, quando necessário, também os seus familiares. A estrutura e o apoio da família eram fatores preponderantes na recuperação do drogado. Nossa equipe, em consonância com os profissionais, colaborava com o tratamento alternativo da fluidoterapia. Incentivávamos a feitura do culto do Evangelho no Lar, pois a oração em família é uma prática cristã muito saudável para manter a paz e a boa harmonia do ambiente domiciliar. Se cuidamos da arrumação, da higiene e da proteção física do lar, com mais forte razão devemos nos preocupar também com o seu aspecto espiritual. Os bons espíritos que assumem conosco o culto do Evangelho no Lar, trazem, com suas presenças, proteções magnéticas que impedem o assalto das vibrações negativas, tão comuns nos lares desarmonizados que cedem à onda avassaladora de perturbações emanadas das mentes conturbadas que enxameiam a psicosfera terrestre.

Após um dia de trabalho estafante, nem sempre as condições físicas de conforto propiciam-nos o bem-estar desejado. A harmonia espiritual do ambiente doméstico ajuda a minimizar os problemas e as cargas emocionais do dia-a-dia, que nem sempre podemos evitar.

Certa ocasião, fomos procurados por uma

senhora aflita, que rogava auxílio em favor de seu filho tresloucado. Ele ameaçava de morte seus irmãos e a própria mãe. Levado ao Núcleo, por seus familiares, não demoramos em perceber que se tratava de terrível obsessão, cuja causa desconhecíamos. Um de seus irmãos, que o segurava mais fortemente, evitando que o acesso de fúria provocasse tragédia maior, entabulou conosco a seguinte conversação:

– Meu irmão está possuído pelo demônio.Veja a sua expressão. De fato, os olhos esbugalhados emitiam chispas de ódio apavorante. Ameaçou-nos – continuou explicando –, tentando atear fogo em nossa casa, provocando pânico geral entre nós. Não é mesmo o demônio que se manifesta por seu intermédio?

– Não fale assim – atalhei presto. – Seu irmão encontra-se temporariamente assediado por um espírito infeliz.

E de propósito continuei:

– Você é evangélico?

A pergunta causou-lhe surpresa, ao que respondeu:

– Como sabe?

– Ora, meu irmão – respondi por minha vez –, vocês acreditam na existência do demônio como criatura irremediavelmente divorciada de Deus. Na realidade, se assim fosse, teríamos que admitir, hipótese incompatível com a infinita Sabedoria e Misericórdia do Criador, a crença dos Anjos decaídos que se rebelaram contra Deus, depois de atingir considerável progresso espiritual, resultado da retroação do espírito, em flagrante contradição com os ensinamentos do próprio Jesus, consubstanciados nas parábolas do Filho Pródigo, da Ovelha Desgarrada e de tantas outras lições sublimes de esperanças e consolações.

Enquanto conversávamos, seu irmão, envolvido pelo espírito que o obsediava, apesar de contido, avançou na minha direção, questionando-me caracteristicamente:

– Por que me trouxeram até aqui? Que quer de mim?

Sabendo que aquele momento e local não ofereciam condições ideais para a doutrinação, pedi aos irmãos que orássemos em seu favor, reafirmando que não se tratava de demônio, mas de um espírito infeliz, que precisava ser amparado com fraternidade cristã.

Ao cabo de alguns minutos de oração fervorosa e passes dispersivos, conseguimos, com a ajuda dos Benfeitores espirituais, afastar temporariamente o espírito que o perturbava.

Interessado em saber mais detalhes a respeito, perguntei ao companheiro se na sua Igreja havia trabalhos específicos para esse tipo de atendimento.

Informou-me que ele próprio por várias vezes conseguira exorcizar os "demônios", mas que de uns tempos para cá estava desviado.

– Mas o que significa desviado? – perguntei curioso.

– Já faz algum tempo que abandonei os trabalhos religiosos da minha Igreja. Passei a freqüentar um bar, nas adjacências de minha casa, juntamente com o meu irmão. E hoje, quando tomávamos algumas cervejas, o fato estranho aconteceu. Não tive condições e nem me atrevi a exorcizar o espírito no ambiente onde nos encontrávamos – explicou com certa dose de bom senso. – Foi aí que me lembrei do Núcleo de Recuperação e para aqui nos dirigimos na esperança de socorro imediato.

A família não desejava a sua internação e muito menos a medicação tradicional para desintoxicação do alcoolismo, pois sabia tratar-se de um caso espiritual como realmente ficou comprovado.

Recomendamos ao companheiro que retomasse as suas atividades religiosas, pois o seu compromisso com Deus não deveria ser interrompido sob pena de conseqüências de maior gravidade no futuro. Explicamos que, não fosse a ação protetora dos Benfeitores Espirituais, seu irmão poderia ter provocado tragédia maior.

Informamos ainda que seu irmão possuía mediunidade aflorada e que, por não ter disciplina sobre si mesmo no controle da faculdade e das entidades espirituais que por seu intermédio se manifestavam deveria evitar a freqüência em locais inadequados, onde pululam os espíritos vampirizadores que se utilizam das almas invigilantes para se locupletarem das viciações das quais ainda não se desvencilharam.

Notando agora o seu estado de lucidez, conversamos com o companheiro de mediunidade enferma, para obtermos algumas informações sobre o processo que provocava sua perturbação.

– Depois de alguns drinques – tentava explicar –,

sinto um torpor e o relaxamento característico dos efeitos do álcool. Geralmente é nesse instante que diviso alguém vindo em minha direção. Registro, com nitidez, sua expressão fisionômica e percebo a sua vibração cada vez mais forte à medida que ele se aproxima, como alguém que vai sentindo a intensidade do calor, também à medida que se acerca do fogo em combustão. Sinto a cabeça rodopiar, um assovio ensurdecedor e perco, a partir deste instante, o controle de mim mesmo.

Depois de pequena pausa, perguntou-me quase suplicante.

– Que fazer para evitar situação tão constrangedora?

– O primeiro passo – respondi incontinente –, é abdicar da bebida. Evitando a ingestão de alcoólicos, pelo menos nesse caso, o espírito que o confrange não encontra meios de estabelecer a ligação psíquica indesejável.

– Mas e se, independentemente da bebida, o espírito retornar? Como fazer para evitar tal situação?

– Fique tranqüilo – respondi por minha vez –, o espírito somente atua sobre nós quando estamos na sua freqüência mental tanto de equilíbrio quanto de perturbação. Mas, desejar somente não basta, para sairmos das ondas de influenciação destas companhias indesejáveis. Faz-se mister modifiquemos nossos hábitos com os recursos da oração para nos livrarmos das tentações, conforme recomenda a oração dominical. Lembra-se da recomendação de Jesus à pecadora? Vai e de futuro não tornes a pecar, para que algo pior não lhe aconteça . Esse algo pior a que o Mestre se refere, representa o agravamento das conseqüências dos nossos desleixos, em detrimento dos verdadeiros valores e interesses espirituais.

Interessado em aprofundar seus conhecimentos sobre o assunto, inquiriu:

– Que pensar dos que não têm a oportunidade do esclarecimento e do tratamento a que me submeto neste instante? Estariam relegados à sorte de si mesmos, para não dizer abandonados?

A pergunta, embora sincera, pelo que pude depreender, soou como ponta de revolta, motivo pelo qual aguardei paciente a conclusão do seu raciocínio:

– E os que não têm acesso a tais informações, pela falta de oportunidade ou educação religiosa, nem sempre à sua disposição? Aguardaria Deus, indiferente ao anseio de renovação, dos que se filiaram a outras Doutrinas religiosas ou mesmo os que não crêem por ignorância, sequer na existência do Criador?

Antes que o companheiro se perdesse no labirinto das próprias indagações, interrompi para melhor esclarecer:

– Mais uma vez, escudemo-nos no mestre Jesus, relembrando a sublime e inesquecível parábola do Bom Samaritano:

Dos três que por ali passavam, consoante a narrativa do Senhor, o primeiro, indiferente, era um sacerdote, conhecedor profundo dos textos Sagrados das Leis; o segundo, igualmente desinteressado, era um levita, também sacerdote da tribo de Levi; mas eis que o último, um samaritano, herege e odiado pelos fariseus, aproxima-se daquele pobre homem caído semi-morto à beira da estrada, inclina-se sobre ele, cura suas feridas, provocadas pelo espancamento dos salteadores que o abordaram no trajeto entre Jerusalém e Jericó e o recolhe, às suas expensas, à uma hospedaria, para tratamento e recuperação.

E, para maior escarmento do hipócrita fariseu, que o questionara momentos antes, quanto às condições necessárias para ganhar o reino dos céus, inquiriu por sua vez:

– "Qual dos três, vos parece ter sido o próximo daquele que caiu nas mãos dos ladrões?"

O fariseu lhe respondeu:

– "Aquele que exerceu a Misericórdia para com ele".

– "Ide pois, lhe disse Jesus, e fazei o mesmo". (São Lucas, Capítulo X, Versículos de 25 a 37).

– Mas, então, é isto a caridade? – atalhou o companheiro, interessado em maiores elucidações. – E os que persistem no erro? Ainda assim, devemos ajudá-los sob pretexto de ser nosso próximo? Não seria contribuir para com o estacionamento espiritual do companheiro instalado no terreno da acomodação?

Percebendo que as suas argumentações refletiam o pensamento de quantos se apóiam na desculpa das deficiências alheias, respondi:

– Fazer aos outros, o que gostaríamos que a nós próprios fosse feito, é o roteiro luminoso para o conduzimento de nossas almas, nas escarpas da vida terrestre. Em nos colocando no lugar do irmão necessitado, podemos melhor avaliar a dimensão do sofrimento alheio.

Compreendendo a extensão dos compromissos que deveria assumir consigo mesmo, na urgente e inadiável necessidade de transformação, mas alimentando convicção religiosa contrastante quanto à natureza do espírito que o subjugava, retrucou respeitoso:

– Como conciliar o tratamento a que me submeterei com a fé religiosa que ainda alimento? Distanciar da nossa Igreja, não seria afrontar a tradição religiosa dos nossos antepassados, que vêem na Bíblia a solução para todos os problemas?

Percebendo que o companheiro desejava estender o curso das conversações, com o propósito sincero de esclarecer-se, resolvi interrompê-lo, oferecendo-lhe material para pesquisas e estudos das obras da Codificação, presenteando-o com os exemplares de *O Livro dos Espíritos* e *O Evangelho Segundo o Espiritismo,* concluindo:

– *O Livro dos Espíritos* contém os fundamentos básicos da Doutrina Espírita e propõe o estudo sério de uma nova filosofia de vida assentada n'*O Evangelho Segundo o Espiritismo,* que por sua vez explica de maneira clara e inteligível as Parábolas e os Ensinos de Jesus, registradas pelos evangelistas, nas páginas luminosas do *Novo Testamento.* Dessa forma, não é necessário divorciar-se da sua Igreja, nem distanciar-se dos familiares e amigos por questões interpretativas de somenos importância.

Antes de concluir, deixei o companheiro à vontade

para decidir sobre a continuidade do tratamento, sem prejuízo da crença que alimentava.

Respondendo afirmativamente, despedimo-nos convictos de que o amor universal de Jesus consegue unir todas as almas que se buscam fraternalmente para serem felizes.

Capítulo XXIX

A FAMÍLIA

O tempo passava, sem que me deixasse abater pelos compromissos e responsabilidades que se avultavam cada vez mais em torno de minha pessoa, no trabalho a que me dedicara. Sofria intensamente quando a morte arrebatava um dos nossos assistidos, vitimado por doenças oriundas e conseqüentes dos efeitos da droga. Exultava, outras vezes, pela bravura das almas decididas e corajosas, que lutavam para superar as barreiras preconceituosas da sociedade e até dos próprios familiares, passo importante para sua definitiva recuperação.

Acreditávamos sempre na possibilidade de recuperação de quantos sinceramente desejavam romper com a droga.

Algumas vezes, defrontávamos com pacientes em recaídas e mesmo assim não desanimávamos, procurando reerguer o companheiro dos escombros morais a que se arrojara.

A reincidência nem sempre é fruto do mau-caráter.

O tempo corria, embutindo nessa luta incansável, sucessos que gratificavam nossos corações.

Por essa ocasião, enamorei-me de Rosalinda, uma jovem que colaborava conosco no Centro de Recuperação. Senti-me correspondido no projeto venturoso de consorciar-me com aquela que seria minha esposa e companheira durante o tempo que me restava na experiência terrestre. Entre as alegrias do trabalho nobre, que juntos desempenhávamos no Centro de Recuperação e a expectativa de construir um lar cristão, aguardávamos ansiosos o momento de nossa união.

Consorciamo-nos depois de algum tempo, esperando felizes a chegada do primeiro filho para alegria de nossos corações.

Dois anos após a vinda de Felipe, foi a vez de Celestina renascer entre nós.

Nossa felicidade não tinha limites. Nossos filhos cresciam sob os auspícios da educação cristã, o que facilitava particularmente a edificação de Felipe, desde cedo apresentando rebeldia e irritabilidade.

Celestina, por sua vez, era o anjo tutelar de nossas vidas. Nos momentos mais difíceis, tinha sempre uma palavra de alento e bom ânimo, que a todos nos contagiava. Felipe, porém, apresentava-se taciturno, raras vezes sorria e revoltava-se com freqüência quando contrariado. Polemizava sobre tudo, dando ensejo a infindáveis e estéreis discussões. Não era capaz de compreender a dedicação que eu e Rosalinda, sua abnegada mãe, dispensávamos aos necessitados que procuravam o Núcleo de Recuperação.

Algumas vezes abordava-me irreverente, quase desrespeitoso, como ocorreu certo dia após o culto do Evangelho no Lar. Abrimos, como sempre, o assunto para discussões. Felipe, que já vinha acompanhando as atividades do Núcleo de Recuperação com desinteresse, manifestou-se primeiro, perguntando:

– Meu pai! Sinceramente, não vejo muita lógica em desgastar-se tanto, desperdiçando precioso tempo nessa luta inglória de combate às drogas que proliferam no mundo todo, conforme demonstram as estatísticas dos organismos internacionais. Também não sei por que, permite Deus a escalada do mal e a crescente multiplicação das organizações criminosas, semeando o terror, a desordem, a desagregação familiar e a conseqüente decadência social!

Seria Ele insensível à dor e às lágrimas derramadas pelas mães aflitas, vendo os filhos reféns da droga da qual não conseguem libertar-se? Onde seu poder, incapaz de conter o avanço do mal, em flagrante supremacia sobre o bem ?

Não bastasse o abandono a que parecemos relegados, vimos recebendo constantes ameaças, endereçadas particularmente ao senhor, que exerce liderança no Núcleo. Creio, seria oportuno refletirmos um pouco mais sobre nossos interesses familiares, que vêm sendo relegados a segundo plano.

Acho que você e mamãe dedicam-se em demasia, além do razoável, às atividades do Núcleo, consumindo precioso tempo em favor de delinqüentes, na sua maioria, sem chances de recuperação.

Sua mãe e a irmã, Celestina, ouviam apreensivas as colocações inoportunas e descabidas de Felipe. Aguardavam silenciosas as minhas respostas. O passado ainda falava alto na sua consciência de espírito rebelde.

Felipe silenciou, talvez exaurido pela própria revolta que dominava sua alma, do que me aproveitei para considerar:

– Meu querido filho! Vejo nos seus questionamentos mais ignorância e desconhecimento dos verdadeiros valores que norteiam a vida eterna, do que blasfêmia quanto aos desígnios do Criador.

Embora esteja familiarizado com o Espiritismo, que freqüenta desde cedo, o fato é que não amadureceu o suficiente para empreender os grandes vôos dos que já se identificaram com o verdadeiro amor cristão.

Nós também, meu filho, sentimos imensas dificuldades para realizar o pouco que estamos fazendo. O que nos diferencia é apenas a boa vontade e a confiança em Jesus, para suprir as nossas deficiências que reconhecemos grandes. A perda de tempo a que se refere, significa para nós o teste de paciência, diante dos companheiros que ainda não encontraram forças, para emergir do lodaçal de si mesmos. Aliás, é oportuno lembrar a esse respeito, que Jesus nos espera há tanto tempo e jamais se impacientou ante nossa impertinência na fixação do mal.

É verdade que o tráfico, o consumo de drogas e os crimes deles decorrentes têm crescido assustadoramente, mas por obra e graça dos próprios homens, em função do seu livre-arbítrio, para agir no bem quanto no mal. Este último é criação do próprio homem, portanto transitório e sem consistência. Já o bem, de origem Divina, é perene e sobrevive à ação inexorável do tempo; sua presença neutraliza a ação do mal, assim como a incidência da Luz elimina a treva.

Conforta-nos saber que Jesus está no leme dessa grande embarcação chamada Terra.

Se o mal prolifera, chegando ao excesso, com a permissão de Deus, como diz, é mais pela dureza dos nossos corações. Permitir não significa anuir, mas, sim, dar-nos a liberdade de escolha, responsabilizando-nos pelos atos praticados.

Nossos olhos, viciados há milênios na detectação do mal, não conseguem vislumbrar, por sua vez, as dimensões que o bem vem alcançando nos últimos tempos na face da Terra.

Deus, por sua vez, meu filho, perfeito em todos os atributos, poderia se o quisesse, sendo todo poderoso, conter a onda avassaladora de crimes que campeia na Terra. Mas então, onde o mérito e o demérito de nossos atos?

Que dizer do professor que resolvesse os problemas do aluno negligente sob pretexto de ajudá-lo?

Deus age sempre com sabedoria e, se quisermos ser felizes basta vivermos em consonância com os princípios das Leis Divinas, de Justiça, Amor e Caridade.

Silenciei, aguardando a palavra de Felipe que, no entanto, emudeceu, capitulando ante as minhas argumentações. Aproveitando-se do clima propício do irmão psicologicamente ensimesmado, Celestina considerou:

– Como pode verificar pelas explicações de papai, o mundo será bem melhor quando vivenciarmos, na plenitude, os ensinamentos de Jesus. Além do mais, Felipe, papai não tem se descuidado dos interesses familiares como você alega.

Nada nos tem faltado. Levamos uma vida razoavelmente confortável; é bem verdade que sem os supérfluos que o mundo reclama. Encaminhou-nos ao conhecimento da Doutrina Espírita, legando-nos a luz do entendimento e o consolo do coração. Quanto às ameaças que vimos recebendo, não devem ser motivo para grandes apreensões; a Justiça Divina permite a sua concretização somente àqueles que estão incursos na Lei de ação e reação. Devemos escorarmo-nos em Jesus, conforme frisou papai, e aguardarmos confiantes os desígnios do Senhor.

Calou-se Celestina, endereçando ao irmão um olhar de ternura e compaixão, que Felipe registrou, arremetendo-o ao recôndito de sua alma. Emocionado, avaliei, naquele Culto memorável, a grandeza d'alma da filha querida do coração.

Capítulo XXX

O TESTEMUNHO DE CELSO

A rotina dos trabalhos continuava sem maiores problemas, entre as atividades do lar e o Núcleo de Recuperação. Certa noite, porém, fomos surpreendidos por cinco rapazes encapuzados que tomaram de assalto a nossa casa, cumprindo assim a promessa das ameaças, em represália às nossas atividades no Núcleo de Recuperação.

Um deles, que parecia liderar o Grupo, dirigiu-se a mim em tom ameaçador.

– Temos ordem para executá-lo caso o Núcleo não seja desativado dentro de trinta dias. Levaremos você e o menino como reféns. A mãe e a menina ficarão como testemunhas vivas do nosso poder de ação. Assim poderão melhor propalar o fechamento do Núcleo e o encerramento definitivo das suas atividades.

E dirigindo-se aos demais comparsas, ordenou:

– Amarrem e amordacem-nas, não temos tempo a perder.

Rosalinda e Celestina ficaram ali mesmo na sala, impossibilitadas de qualquer reação que pudesse despertar, logo após nossa saída, a desconfiança dos vizinhos.

Antes de partirmos o rapaz dirigiu-se a Rosalinda, reafirmando:

– Lembre-se, são trinta dias e nada mais.

Em seguida saímos com o carro em disparada. Dois bandoleiros ficaram na retaguarda, dando-nos a necessária cobertura para surpresas de última hora. Com os olhos vendados e a boca amordaçada, não nos foi possível esboçar qualquer reação. Em conseqüência, o reconhecimento do percurso e a localização do ponto de chegada ficaram prejudicados face às circunstâncias em que nos encontrávamos.

Felipe estava apavorado e constantemente acusava-me por ter insistido, segundo seu ponto de vista, naquela empreitada infeliz.

– E agora, meu pai, aonde buscar ajuda? Onde a Providência Divina para nos salvar dessa situação embaraçosa? Bem que o avisei, – concluiu atrevidamente – quanto à inutilidade desse trabalho em prol de marginais irrecuperáveis.

– Cale-se, meu bom filho. Nada acontece por acaso. Nosso cativeiro e, se preciso for, nosso sacrifício, não serão em vão. Conforta-me pelo menos saber que Celestina e sua mãe não foram molestadas. Confio em Deus e ainda não perdi as esperanças de nossa libertação.

O dia amanheceu sob apreensão geral. Rosalinda e Celestina ainda tentavam inutilmente desvencilhar-se das amarras que as prendiam desconfortavelmente.

A noite sofrida não as impediu de orar; logo de manhãzinha, rogaram em favor de Felipe e do esposo querido, que eu, como protagonista, registrava nas fibras sensíveis do coração. Nesse momento, Rosalinda recordou-se de Celso, o ex-traficante, ao qual pediria ajuda tão logo ganhasse a liberdade.

Já era quase meio-dia quando, desconfiada, uma das vizinhas notou a porta da garagem aberta, sem o carro. A porta lateral entreaberta dava sinais de arrombamento, sem, contudo, apresentar qualquer movimentação. Preocupada, tocou várias vezes a campainha e, sem resposta, buscou o auxílio da polícia que não demorou a chegar. Desamarradas, Rosalinda contou resumidamente o drama vivido, colocando-se à disposição das autoridades durante o tempo que fosse necessário para as diligências e conclusão do inquérito policial.

No dia seguinte procurou Celso, que há algum tempo havia se afastado das atividades do Núcleo, alegando motivos particulares. A notícia espalhou-se rapidamente, ganhando as manchetes dos jornais, motivo pelo qual ele já vinha em nosso auxílio, oferecendo solidariedade.

Depois das explicações detalhadas sobre o assunto, foi ele quem sugeriu:

– Como você sabe, conheço muito bem os meandros desse submundo, embora divorciado dessas atividades criminosas já faz muito tempo. Todavia, não me seria tão difícil estabelecer contato com os marginais para chegar até Fernando e Felipe. Para isso, preciso também da sua ajuda.

– Como assim? –, perguntou Rosalinda muito admirada e com ar de espanto.

– Acalme-se, minha boa irmã. Nada que possa incriminá-la ou colocar em risco a sua vida. Vou elaborar um plano e amanhã mesmo voltaremos a falar sobre o assunto. Enquanto isso, procure se lembrar das palavras e dos trejeitos que mais lhe chamaram a atenção, no rapaz que liderava o grupo. Essa será a sua parcela de contribuição. Com um pouco de sorte, poderemos desvendar esse mistério e quem sabe chegar à facção a que pertence o bando.

O encontro foi marcado para a noite do dia seguinte com a participação de um investigador, amigo da confiança de Celso, que se dispôs também a colaborar no caso.

No horário combinado, Rosalinda já os aguardava ansiosa, com algumas informações que julgava desprezíveis.

A reunião começou por volta das vinte horas. Antes, porém, a anfitriã solicitou permissão para orar. Iniciou a sua rogativa pedindo a Deus em nosso favor e a inspiração para o planejamento do roteiro que começavam a esboçar.

– Muito bem, minha irmã - disse Celso, dando início às conversações. – Comece descrevendo a movimentação na casa desde a chegada dos marginais.

Rosalinda meditou por alguns instantes e falou pausadamente, ainda emocionada pelas recordações vigentes:

– Eles chegaram de surpresa pela porta lateral, utilizando-se do acesso pela garagem, ganhando em seguida a sala, onde estávamos reunidos em animada conversação. Um dos rapazes, alto, magro, de pele clara, a julgar pelos braços descobertos, falou ameaçador durante o pouco tempo que estiveram entre nós. Recordo-me apenas de algumas palavras soltas, a meu ver insignificantes, como giro, legal, essa onda não pega, ô meu, etc... Frisava constantemente aos demais comparsas, sobre a necessidade de êxito da operação em curso. O fracasso não seria tolerado pelo chefe Zorra e o sucesso significava promoção na hierarquia do crime.

– Espere – interrompeu Celso, animado com a última citação. – No jargão da criminalidade, os nomes próprios têm sempre uma significação. Zorra, Zorra, deixe-me ver. Hum, peguem o dicionário. Ah! aqui está zorra, raposa, raposa velha. Eureca! Agora, com a ajuda de Adalberto não será difícil localizar a área de atuação do bando.

– Deixem isso comigo – falou o detetive, animado com a primeira pista ao seu dispor. – Farei o mapeamento dos locais prováveis, onde age a quadrilha.

– Mas se ele já é conhecido no mundo do crime por Raposa, por que o rapaz referiu-se ao chefe utilizando-se da alcunha Zorra?

– Boa pergunta, minha cara irmã, boa pergunta – respondeu Celso. – Acontece que as encomendas criminosas, por determinação direta do chefe, são sempre cercadas do mais absoluto sigilo, a fim de não expô-lo à evidência pública, facilitando a ação dos policiais.

– Bem – concluiu –, vamos começar a trabalhar o mais urgente possível, pois nessa corrida contra o relógio não temos tempo a perder.

Os contatos diários continuaram, e no terceiro dia, por orientação de Celso, foram suspensas temporariamente as atividades do Núcleo. A medida, segundo ele, objetivava relaxar a vigilância dos marginais, fazendo-os acreditar na vitória final, que não tardaria a chegar com o comunicado oficial do encerramento definitivo dos trabalhos.

– Enquanto isso – comentou –, ganharemos tempo e facilidade para agir no Morro da Pipoca, local onde supostamente atua o bando que seqüestrou nossos amigos, segundo levantamento preliminar elaborado por Adalberto.

Finalmente, no oitavo dia, Celso resolveu subir o Morro.

À entrada foi logo questionado sobre suas intenções, uma vez que não era conhecido dos "olheiros". E dirigindo-se a um deles, perguntou:

– Gostaria de falar com o Raposa, você o conhece? – e ante a expressão de surpresa do interrogado, concluiu: – É que preciso de uma grande quantidade de mercadoria para uma transação inter-estadual.

Apreensivo, o rapaz afastou-se apressado, sem nada responder. Depois de algum tempo, apareceu um mensageiro que fez algumas perguntas e, após revistá-lo cuidadosamente, convidou-o a subir. Pararam num determinado ponto do caminho entrando por uma viela estreita; ali teve seus olhos vendados continuando, em seguida, a subida até chegar na parte mais alta de um platô com vista privilegiada para toda a extensão do morro; desvendados os seus olhos, o rapaz ficou um pouco mais à vontade.Um dos marginais caminhou em direção a uma construção inacabada, cuja fortificação servia de esconderijo para traficantes e ladrões.

Não demorou muito, ele voltou acompanhado de um jovem portando arma pesada que, fazendo gesto indicativo com a mesma, e sem dizer palavra, sinalizou para que o seguisse até a casa de onde viera. Finalmente em presença do chefe, Celso foi questionado:

– Para quem trabalha e qual a quantidade de mercadoria que deseja adquirir ?

– Em realidade – respondeu o interrogado, sem deixar-se perturbar –, não vim aqui para isso. Usei do pretexto apenas para chegar até você e propor um outro tipo de negociação. Sei que determinou o fechamento do Núcleo de Recuperação e guarda como reféns dois amigos meus.

Tomado de surpresa ante tal revelação, o chefe do bando, apesar de estar no seu próprio reduto e cercado de toda segurança, empalideceu. Pesado silêncio abateu-se sobre o ambiente e, sem responder de pronto sobre a proposta do atrevido visitante, chamou os seguranças à sua volta, ordenando aos berros:

– Soltem os rojões, alerta total, vasculhem o Morro nos pontos estratégicos e vejam da torre se há movimentação suspeita vindo em nossa direção.

A essa altura, Celso já tinha uma arma apontada sobre sua cabeça por um dos capangas do bando, aguardando definição.

Conhecedor da técnica terrorista, não se intimidou e voltou rápido a considerar:

– Antes de qualquer coisa, peço que mande abaixar essa arma e ouça-me com atenção. Ninguém está me seguindo e por isso não há motivos para pânico ou precipitação.

Diante de tamanha frieza e coragem nas suas considerações, Raposa ordenou ao segurança que abaixasse a arma e se mantivesse à distância, em observação.

Mais tranqüilo falou o chefe do bando sem rebuços:

– Ande, explique-se!

– Como dizia, desejo propor-lhe um acordo para a soltura dos meus amigos presos por sua determinação; o Núcleo de Recuperação não pode manter-se fechado, uma vez que não interfere diretamente no comércio do tráfico e nem alicia dependentes para recuperação.

– Como assim? – interrompeu irritado o marginal. – Muitos dos que trabalhavam para nós se bandearam depois de travarem contato com os chamados espiritistas. Perdemos nossos melhores homens e o nosso movimento caiu assustadoramente depois que o maldito Núcleo ampliou suas atividades assistenciais.

– Mas há de se considerar, – atalhou Celso em tom respeitoso, mas firme nas suas colocações – que o Núcleo atende tão somente os que batem à sua porta, sem interferir na vontade dos que se comprazem na viciação. Apenas ajuda a resgatar a identidade dos que se desviaram da rota Divina, enveredando pelo caminho tortuoso da perdição.

– Chega – interrompeu o chefe do bando dando mostras de enfado. – Vamos, desembuche, fale logo o que deseja sem rodeios ou justificação.

Celso retomou sua linha de raciocínio e considerou:

– Como estava dizendo, desejo que liberte meus amigos ainda hoje. Há muitos anos fazia parte de uma das mais poderosas falanges que ainda domina grande parte dos Morros da cidade. Trata-se da Rosa Negra, você a conhece?

Ante tal revelação, Raposa empalideceu para enrubescer em seguida e, colérico, quase ordenou o sacrifício de Celso ali mesmo, não fosse a expectativa da propositura.

– Nessa Organização – continuou o rapaz –, eu era conhecido pelo cognome de Aranha.

– O que? – interrogou irritado. – Você, o braço direito do China, convertido às fileiras espiritistas? E o que o leva a supor que eu atenda aos seus rogos? Pretende negociar – chasqueou irônico – também a minha conversão?

– Não alimento essa pretensão, embora desejasse imensamente que conhecesse o Evangelho de Jesus, à luz dos ensinamentos espíritas. Trata-se de uma obra magistral intitulada *O Evangelho Segundo o Espiritismo.*

– Chega! Não tenho tempo a perder. Além do mais, você não está em condições de negociar nada. Já não ocupa mais a posição influente que o tornou conhecido, temido e respeitado no mundo do crime.

A Doutrina que diz professar não lhe dá poderes aqui na Terra, mas talvez no outro mundo para onde desejamos despachá-lo logo mais – e com leve aceno ordenou ao segurança que o levasse para ser executado num terreno baldio, denominado local de "desova".

Mais uma vez, a serenidade de Celso adiou a ordem do Chefe, porque calmamente retrucou:

– Já que não deseja libertar pacificamente os meus companheiros, devo dizer-lhe que, ao amanhecer, o

Morro será invadido por policiais na eventualidade do meu retorno não se consumar. Além da batida policial, tenho montado um esquema com algumas velhas afeições da quadrilha rival para, aproveitando-se da confusão e acuo de seus homens, invadir também pelo flanco oposto e assenhorear-se de algumas posições para futuro domínio da sua área de atuação.

Pela primeira vez Raposa capitulou na sua arrogância. Desesperado e contrafeito, considerou:

– Muito bem, mas com uma condição.

– Qual? – perguntou Celso, mais animado com a aquiescência do malfeitor.

– Ficará como refém para garantir nossa tranqüilidade e segurança contra a invasão.

– De acordo. Liberte agora os meus amigos.

As providências foram tomadas rapidamente e na correria não foi possível despedir-se dos companheiros libertados do cárcere-prisão.

Ao amanhecer, um movimento incomum no sopé do Morro colocou em estado de alerta os seguranças do bando. Era a polícia se preparando para subir, seguindo pistas deixadas por Celso.

Um dispositivo ponteagudo de formato triangular, adaptado na sola do seu sapato, deixava discretas marcas no chão batido, indicando a trilha que levava à fortaleza do criminoso.

A operação foi rápida e a correria geral. Instalou-se o pânico e, na confusão, Celso aproveitou-se da distração do segurança para tentar a fuga pelo lado oposto.

Confundido como um elemento da facção rival,

foi executado pelos ex-companheiros de tráfico que começavam a ganhar posições importantes próximas à Fortaleza onde, até então, Raposa reinava soberano sem ser molestado.

Travou-se uma surda batalha entre as duas facções e, acoçado também pela polícia, o bando finalmente entregou-se após a morte do seu lider, encerrando-se assim mais um sangrento capítulo nos anais da criminalidade.

Ironicamente, Celso sacrificou sua própria vida para salvar os companheiros no ambiente onde tantos crimes perpetrara.

Capítulo XXXI

TESTEMUNHOS

O Núcleo foi reaberto e, durante muitos anos, trabalhei à sua frente, como responsável para gerir as atividades administrativas e espirituais. Muitas experiências adquiri no trato com problemas dessa natureza. Sabia, pelos registros de minha alma, guardados nas reminiscências da vida anterior, quanto sofriam aquelas almas, escravizadas pelo flagelo da droga. Praticamente um terço da minha existência foi dedicado integralmente em favor desses irmãos desventurados.

Quase aos sessenta e dois anos de idade, portanto com vinte e sete anos, aproximadamente, de experiências nesse campo de atividade, pude atestar com relativa segurança que, na maioria dos casos de recuperação, o sucesso foi obtido somente depois da segunda ou terceira tentativa. É interessante notar que, paradoxalmente, muitos pacientes reerguiam-se de cada uma dessas quedas, mais fortalecidos quanto ao desejo de superar-se, provavelmente por encontrarem apoio no momento que mais necessitavam de nossa ajuda e compreensão. Pelo trabalho desenvolvido, se por um lado ganhávamos o respeito e a consideração da sociedade, por outro a antipatia e o ódio mortal dos que mercadejavam nesse tráfico criminoso, cresciam sobre nós. Nossos trabalhos consistiam em ajudar aque-les que nos procuravam, esclarecendo-os quanto aos efeitos nocivos da droga, não somente para o corpo, mas também para o espírito imortal.

Ultimamente as ameaças se intensificaram, com pichações características e afrontosas nos muros da Instituição, provocadas por sentimento de vingança, promovidas por capangas remanescentes do Bando do Raposa, desmantelado com a morte do seu Chefe, culminando com atentado à minha pessoa, que quase me levou à desencarnação. Passei longos dias em coma, internado numa U.T.I entre a vida e a morte. Quando finalmente recobrei a consciência, dei-me conta de que não tinha mais o comando dos membros inferiores. A bala criminosa retirada de uma das vértebras deixou seqüelas irreversíveis, ocasionando-me a paraplegia.

Acomodado numa cadeira de rodas, continuei o trabalho como pude. As limitações de movimento foram compensadas pela palavra eloqüente, que brotava de minha alma. Tive a impressão de que vivia agora para dar o testemunho de minha fé. Foi aí que sofri o abalo mais forte de minha existência. Um surto de meningite pegou de surpresa grande parte da população de nosso bairro e nossa querida Celestina, colhida pela epidemia cruel, não resistiu, retornando ao Mundo Espiritual numa manhã fria do mês de julho.

Por quase dez anos ainda permaneci junto com os demais companheiros de ideal, nessa luta contra o mal. Muitas vezes chorava pelos pais de família que se deixavam arrastar para o mundo do crime.

A saudade de Celestina, a quem não conseguia esquecer, ajudava a aumentar a dor superlativa que causticava a minha alma.

Com o tempo aprendi a controlar as emoções, fazendo tudo quanto podia ao alcance das minhas possibilidades, entregando o resto a Jesus, que aliás, nos espera pacientemente há mais de dois mil anos.

Quando adoeci gravemente, vitimado pelo acirramento dos problemas circulatórios, que trazia desde o berço como conseqüências do passado delituoso, percebi o quanto era amado pelos companheiros da Instituição e por aqueles que passaram pelo atendimento do Centro de Recuperação, que vinham trazer agora sua solidariedade em favor da minha pessoa. Percebi que chegava ao fim da jornada terrena.

O corpo físico já não mais oferecia condições para reter o espírito ávido pela libertação.

Comecei a fazer o balanço da minha vida terrena.

Cumprira eu satisfatoriamente o desafio da experiência terrestre?

Nessas horas de graves reflexões fazia minhas orações com mais disposição de fé. Perdurando a dúvida quanto ao aproveitamento da existência que se findava, certa noite, quando se agravaram os meus padecimentos, senti a presença de um espírito que me proporcionou grande conforto espiritual. Aquela doce aproximação sinalizou-me com a possibilidade de partir. O anjo tutelar que me visitava, com a permissão de Jesus, era a filha Celestina, minha mãezinha querida da penúltima encarnação.

Saudando-me, não sei se como filha querida do meu coração, ou como mãe jubilosa do filho redimido, o fato é que registrei, na intimidade da minha alma venturosa, as vibrações do mais puro e verdadeiro amor cristão.

– Você cumpriu, na Terra, o tempo determinado por Deus! E porque trabalhou na obra meritória de recuperação de tantos quanto você, em outros tempos, malbarataram a dádiva preciosa da vida, consumindo-se nos excessos de toda ordem, foi-lhe concedida moratória existencial que lhe valeu como passaporte para as regiões felizes do Mundo Espiritual sem o estágio nas zonas purgatoriais do astral inferior.

Minha felicidade não tinha limites. Ao desprender-me do mundo físico, cantos maviosos emanados dos corações agradecidos dos que ficaram na Terra, beneficiados pela singeleza do meu trabalho, contagiavam-me o ser. Continuei, amparado por minha filha-mãe, a subida vertiginosa e deslumbrante aos meus olhos, que não conseguiam reter as lágrimas de emoção e agradecimento. O caminho pavimentado de luz, que se desdobrava à minha frente, indicava-me a nova morada, contrastando sobremaneira com o passado delituoso e distante, quando aqui aportei em condições lastimáveis de indigência espiritual.

Recordava agora Jesus, anunciando a Nicodemos a necessidade de nascer de novo para ver o Reino de Deus.

Embora distante ainda da Morada Celestial, alcançava nesta última existência física a redenção do meu espírito imortal.

Nossas vidas se entrelaçaram no curso incessante do tempo, prevalecendo, com as bênçãos de Jesus e o concurso amoroso de minha filha-mãe, nossa vitória final.

Inebriado pelas blandícias celestes que inundavam de luz meu pobre espírito imortal, postei-me reverente e enderecei a Jesus minha prece de gratidão.

Mestre querido!

Digna-te receber neste instante nosso reconhecimento jubiloso por esse momento feliz.

Quando na Terra, raramente aceitamos os obstáculos do caminho sem lamúrias ou revolta no coração.

Folgamo-nos nas facilidades e prazeres da vida, insensibilizados no desleixo dos valores espirituais.

E quando a dor chega, despertando nossa alma do sono da inércia inoperante, o desespero, quando não a revolta, estabelece o seu domínio de forma cruel e desgastante.

Mas eis que neste instante Tu ressurges em nossas vidas, acenando novamente com a possibilidade de soerguimento de nossa alma dorida.

Aceita, Senhor Jesus, nossa prece de gratidão imorredoura por crer em nossas possibilidades de renovação consolando, lenindo e pacificando nosso coração.

Hoje, longe dos erros do passado, estou feliz e libertado dos tormentos e das aflições que já se foram.

Graças a Ti, Senhor, posso prosseguir confiante, esperançoso e feliz na expectativa de maior sucesso em nova lida.

Se possível, Jesus querido, concede-me novo campo de trabalho para voltar à Terra agora na condição de Seareiro do Teu reinado de luz.

É tão bom poder ser útil ajudando os que sofrem

e padecem como Tu nos ensinaste na Palestina diante da paisagem agreste.

Reconhecido por tudo e pela minha adorada mãe que me subtraiu do mal por amor ao Teu coração, hoje e sempre obrigado, Senhor, muito obrigado!